A. Schwarzenbach

Ein Paradies für Ethnographen

Ryszard Kapuściński

Ein Paradies für Ethnographen

Polnische Geschichten

Übersetzt von Martin Pollack
und Renate Schmidgall

Mit einem Vorwort von Martin Pollack

Die Übersetzung dieses Buches wurde gefördert vom Book Institue © Poland Translation Program.

Erstausgabe BUSZ PO POLSKU, 1962, Czytelnik
Überarbeitete Ausgabe 1990 und 2007, Czytelnik
© 1962, 1990 by Ryszard Kapuścińsky
© 2007 für diese Ausgabe: the Estate of Ryszard Kapuścińsky

© für die deutsche Übersetzung der Reportage Busz po polsku:
Renate Schmidgall
Alle anderen Reportagen wurden von Martin Pollack übersetzt.

1. Auflage 2010

© Eichborn AG, Frankfurt am Main, März 2010
Umschlaggestaltung: Christina Hucke
unter Verwendung eines Fotos von
Hank Walker/Time & Life Pictures © gettyimages
Lektorat: Doris Engelke
Ausstattung, Typografie: Susanne Reeh
Satz: Greiner & Reichel, Köln
Druck und Bindung: CPI – Clausen & Bosse, Leck
ISBN 978-3-8218-5837-1

Mix
Produktgruppe aus vorbildlich bewirtschafteten
Wäldern und anderen kontrollierten Herkünften
www.fsc.org Zert.-Nr. GFA-COC-001223
© 1996 Forest Stewardship Council

Alle Rechte vorbehalten. Kein Teil des Werkes darf in irgendeiner Form (durch Fotografie, Mikrofilm oder ein anderes Verfahren) ohne schriftliche Genehmigung des Verlages reproduziert oder unter Verwendung elektronischer Systeme verarbeitet, vervielfältigt oder verbreitet werden.

Eichborn Verlag, Kaiserstraße 66, 60329 Frankfurt am Main
Mehr Informationen zu Büchern und Hörbüchern aus dem
Eichborn Verlag finden Sie unter www.eichborn.de

Inhalt

Vorwort von Martin Pollak 7
Gedächtnisübungen 11
Aufbruch der fünften Kolonne 28
Weit 37
Gerettet auf dem Floß 45
Piatek bei Grunwald 54
Zahnpastareklame 60
Die Düne 71
Ganz unten 81
Ohne Adresse 87
Der große Wurf 96
Altes Eisen 104
Keine Sorge, Tollpatsch 112
Danka 118
Keiner geht weg 133
Der Starre 138
Die Bäume gegen uns 150
Busch, polnisch 165

Vorwort

Die hier versammelten Reportagen wurden in Polen zum ersten Mal im Jahre 1962 in Buchform herausgegeben, die meisten Texte schrieb Kapuściński für die heute noch existierende Warschauer Wochenzeitung »Polityka«, für die er 1959–1962 als Inlandsreporter tätig war. Kapuściński war damals bereits ein erfahrener Reporter, die ersten Zeitungsberichte und Reportagen publizierte er 1950 in einer politischen Jugendzeitschrift. (Sein Debut als Autor feierte er 1949 mit Gedichten.) Die Atmosphäre dieser frühen Jahre, den Geist des Wiederaufbaus, aber auch den Stalinismus, glaubt man in den Reportagen manchmal spüren zu können. An seine Anfänge als Reporter erinnert sich Ryszard Kapuściński in dem 2004 erschienenen Buch »Meine Reisen mit Herodot« (deutsche Ausgabe 2005):

»Ich beendete mein Studium und begann bei einer Zeitung zu arbeiten. Sie hieß ‚Sztandar Mlodych' (Jugendfahne). Ich war ein junger Reporter und reiste auf den Spuren von Leserbriefen durchs Land. Die Absender beklagten sich über erlittenes Unrecht und ihre Armut, darüber, dass ihnen der Staat die letzte Kuh weggenommen hatte oder dass es in ihrem Dorf immer noch kein elektrisches Licht gab. Die Zensur hatte nachgelassen und man durfte zum Beispiel schreiben, dass es im Dorf Chodorów zwar einen

Laden gab, doch man konnte dort nichts kaufen. Der Fortschritt bestand darin, dass man zu Lebzeiten Stalins nicht schreiben durfte, dass ein Laden leer war – alle mussten immer bestens beliefert sein, voller Waren. Ich fuhr von einem Dorf zum anderen, von einer Kleinstadt zur nächsten, mit einem Pferdewagen oder einem klapprigen Autobus, denn Privatautos waren eine Seltenheit, sogar ein Fahrrad war schwer zu bekommen.«

Auf diesen Dienstreisen, so erzählte mir Ryszard einmal, begegnete er den Menschen, die er später in den Reportagen beschrieb, so genannten kleinen Leuten, oft Außenseitern, die Schwierigkeiten hatten, sich in die sozialistische Gesellschaft einzufügen. Vor 1956, das auch in Polen ein Tauwetter mit sich brachte, hätte er diese Texte kaum publizieren können, es fehlt ihnen an realsozialistischem Enthusiasmus und Schwung. In den in diesem Band abgedruckten Texten, denen noch manche Schwächen anhaften, erprobt sich Kapuściński als Beobachter des Alltäglichen, des scheinbar Banalen, der kleinen Gesten und auf den ersten Blick unbedeutenden Details. Diesen präzisen Blick für das Detail wird er später zur Meisterschaft entwickeln.

Mit seinen Reportagen, die sich an der Peripherie bewegen, wollte Kapuściński seinen Landsleuten das Land, in dem sie leben, erklären, so wie er sich später bemühen wird, uns die Dritte Welt näher zu bringen. Indem er die Menschen und ihre Umgebung genau beobachtet, ihnen aufmerksam zuhört, indem er versucht, sich in sie hineinzuversetzen, immer geleitet von ehrlichem Interesse und Mitgefühl.

Die Reportage »Gedächtnisübung«, die den Band

(chronologisch korrekt) einleitet, fällt eigentlich aus dem Rahmen, sie entstand viele Jahre später, meines Wissens wurde der Text für eine deutsche Anthologie mit dem Titel »Das Ende« (1985) geschrieben, in der sich Autoren aus neun Ländern an die letzten Tage des Zweiten Weltkrieges erinnern. Ich habe damals den Text aus dem handschriftlich korrigierten Manuskript übersetzt, das mir Ryszard mit einigen zusätzlichen Anmerkungen schickte. Er war immer bemüht, dem Übersetzer die Arbeit nach Möglichkeit leichter zu machen – dafür bin ich ihm heute noch dankbar.

Martin Pollack

Gedächtnisübungen

Durch eine schmale Gasse
In einer kleinen Stadt,
Unter einem Baldachin von Kastanien
Laufe ich, ein fröhliches Kind,
Zu dem Ort, wo ich umkommen werde.

Janusz A. Ihnatowicz

Der totale Krieg hat tausend Fronten, in einem solchen Krieg befindet sich jeder an der Front, auch wenn er nie im Schützengraben lag und keinen einzigen Schuss abfeuerte.

Wenn ich mir heute jene Jahre ins Gedächtnis rufe, stelle ich nicht ohne Verwunderung fest, dass ich mich besser an den Beginn des Krieges als an sein Ende erinnern kann. Der Anfang ist für mich deutlich in Raum und Zeit eingebettet, und es macht mir keinerlei Mühe, sein Bild zu rekonstruieren, denn dieses hat sich all sein Kolorit und seine emotionelle Intensität bewahrt. Es beginnt damit, dass ich eines Tages plötzlich am klaren, blauen Himmel (und der Himmel im September 1939 war wunderbar azurblau, von keiner einzigen Wolke getrübt) zwölf silbern schimmernde Punkte entdecke, die hoch oben schweben. Die helle Kuppel des Himmels füllt sich mit monotonem, mir bis dahin unbekanntem Dröhnen. Ich bin sieben Jahre alt, stehe auf einer Wiese und schaue zu den Punkten hinauf, die sich kaum zu bewegen scheinen. Da ertönt ganz in der Nähe, vor dem Wald, ein schreckliches Krachen, ich höre, wie die Bomben mit infernalischem Lärm explodieren (dass es sich um Bomben handelt, erfahre ich erst später, in diesem Moment habe ich noch keine Ahnung, dass es so etwas wie Bomben überhaupt gibt, dieser Begriff ist mir, einem Kind der tiefsten Provinz, das weder Radio noch Kino kennt, nicht schreiben und nicht lesen kann und auch keinerlei Kenntnis hat von Krieg und todbringenden Waffen, fremd), und ich sehe, wie gigantische Erdfontänen hochspritzen. Ich möchte hinlaufen zu diesem ungewöhnlichen Schauspiel, das mich anzieht und fasziniert, denn ich weiß noch nichts vom Krieg und bin nicht imstande, Ursache und Wirkung jener silbern glänzenden Flugzeuge, der krachenden Bomben und der Erde, die bis zu den Baumwipfeln hinaufsteigt, mit dem drohenden Tod in Verbindung zu bringen. Ich laufe also in Richtung des Waldes, auf die fallenden und explodierenden Bomben zu, doch da packt mich eine Hand von hinten an der Schulter und wirft mich zu Boden. Leg dich hin, höre ich die bebende Stimme der Mutter, rühr dich nicht. Und ich erinnere mich, wie die Mutter mich an sich presst und etwas sagt, von dessen Existenz ich nichts weiß, dessen Sinn mir verborgen bleibt, worüber ich sie später befragen möchte; sie sagt: *Dort ist der Tod.*

Es ist Nacht, und ich möchte schlafen, aber das darf ich nicht; wir müssen gehen, wir müssen fliehen. Wohin wir fliehen, weiß ich nicht, aber ich begreife, dass die Flucht plötzlich zur höheren Notwendigkeit geworden ist, zu einer neuen Form des Lebens, denn alle flüchten. Alle Straßen, Wege und selbst die kleinsten Pfade sind voller Fuhrwerke, Leiterwagen und Fahrräder, übersät von Bündeln, Koffern und Eimern, überschwemmt von verschreckten, ratlos herumirrenden Menschen. Die einen flüchten nach Osten, die anderen nach Westen, nach Norden, nach Süden, sie fliehen in alle Himmelsrichtungen, bewegen sich im Kreis, rennen durcheinander, fallen erschöpft neben der Straße nieder und sinken in Schlaf, um nach kurzem Verschnaufen den letzten Rest der Kräfte zu sammeln und neuerlich die ziellose Wanderung aufzunehmen. Auf der Flucht muss ich meine jüngere Schwester fest bei der Hand nehmen, wir dürfen einander nicht verlieren, schärft uns die Mutter ein, aber auch ohne ihre Ermahnung spüre ich, dass die Welt mit einem Mal bedrohlich, fremd und böse geworden ist, und man sich in Acht nehmen muss. Ich stapfe mit der Schwester neben dem Fuhrwerk her, einem einfachen hölzernen Leiterwagen, der mit Heu ausgelegt ist, und hoch oben auf dem Heu, auf einer leinenen Plane, liegt mein Großvater. Er kann sich nicht rühren, denn er ist gelähmt. Wenn ein Fliegerangriff beginnt, bringt sich die geduldig dahinstapfende, dann schlagartig von Panik erfasste Schar von Flüchtlingen im Straßengraben in Sicherheit, versteckt sich in Büschen, sucht in Kartoffeläckern Deckung. Auf der leer gefegten, wie ausgestorbenen Straße bleibt allein das Fuhrwerk zurück mit dem Großvater darauf. Der Großvater sieht die Flugzeuge auf sich zukommen, er sieht, wie sie plötzlich niederstürzen, wie sie das auf der Straße zurückgelassene Gefährt aufs Korn nehmen, er sieht das Feuer der Bordwaffen und hört das Dröhnen der Maschinen, die über ihn wegdonnern. Wenn die Flugzeuge in der Ferne verschwinden, laufen wir zum Fuhrwerk zurück, und die Mutter wischt dem Großvater den Schweiß vom Gesicht. Manchmal gibt es mehrere Luftangriffe an einem Tag. Nach jedem Angriff ist das hagere, erschöpfte Gesicht des Großvaters schweißnass.

Die Landschaft, die wir durchqueren, wird immer düsterer. Am Horizont stehen Rauchsäulen. Wir passieren verlassene Ortschaften und einsame, niedergebrannte Gehöfte. Wir kommen an Schlachtfeldern vorbei, übersät von zurückgelassenem Kriegsgerät, an ausgebombten Bahnstationen, umgestürzten Autos. In der Luft hängt der Geruch von Pulver, von Brand, von verwesendem Fleisch. Immer wieder stoßen wir auf die Kadaver von Pferden. Das Pferd, ein großes, wehrloses Tier, kann sich nicht verstecken, es bleibt stehen, wenn die Bomben fallen, und wartet auf den Tod. Auf Schritt und Tritt tote Pferde, hier auf der Fahrbahn, dort neben der Straße im Graben, dann wieder etwas weiter weg im Feld. Sie liegen da mit steif in den Himmel gereckten Beinen und drohen der Welt mit ihren Hufen. Nirgends sehe ich getötete Menschen, denn diese werden sogleich begraben, nur überall die Kadaver von Pferden, Rappen, Braunen, Schecken, Füchsen, ganz so, als wäre dies nicht ein Krieg der Menschen, sondern der Pferde, als kämpften diese miteinander auf Leben und Tod, als wären sie die einzigen Opfer des Krieges. Ein harter, eiskalter Winter bricht an. Wenn es uns schlecht geht, leiden wir umso mehr unter der Kälte, empfinden wir den Frost umso heftiger; für Menschen, die unter normalen Bedingungen leben, ist der Winter kaum mehr als eine der Jahreszeiten, bedeutet er nichts anderes als das Warten auf den Frühling, aber für die Armen und Unglücklichen ist er eine schreckliche Plage, eine Katastrophe. Dieser erste Kriegswinter war wirklich streng. Der Ofen in unserer Stube ist eisig, die Wände sind bedeckt mit weißem, pelzigem Reif. Wir können nicht heizen, denn es gibt kein Brennmaterial zu kaufen, und Diebstahl wird strengstens geahndet. Auf den Diebstahl von Kohle steht der Tod, auf den Diebstahl von Holz ebenfalls. Das Leben ist in diesen Zeiten nicht viel wert, gerade so viel wie ein Brocken Kohle, so viel wie ein Scheit Holz. Wir haben nichts zu essen. Die Mutter steht stundenlang am Fenster, ich sehe ihre reglose Miene vor mir. An vielen Fenstern sieht man Menschen stehen und auf die Straße starren, offenbar rechnen sie mit etwas, erwarten etwas. Mit einer Bande Buben treibe ich mich in den Hinterhöfen herum, ein wenig zum Spiel, ein wenig auf der Suche nach etwas Essbarem. Manchmal dringt durch eine Tür der Duft von Suppe. Dann steckt einer meiner Freunde, er heißt Waldek, die Nase in diesen Türspalt und beginnt eilig und fieberhaft einzuatmen, wobei er sich genießerisch über den Bauch streicht, als säße er an einer üppig gedeckten Tafel. Eines Tages erfahren wir, dass es im Geschäft am Ringplatz Bonbons geben sollen. Sofort stellen wir uns an – eine lange Schlange frierender, hungriger Kinder. Es wird Nachmittag, die Dämmerung bricht herein. Wir stehen den ganzen Abend in klirrender Kälte, die ganze Nacht und noch den nächsten Tag. Wir stehen und drängen uns dicht aneinander, umklammern einander, um uns ein wenig zu wärmen, damit wir nicht erfrieren. Endlich wird der Laden geöffnet, aber statt der Bonbons erhält jeder von uns eine leere Blechdose, in der einmal Fruchtdrops gewesen sind (was mit den Bonbons geschehen ist, wer sie genommen hat, weiß ich nicht). Schwach und steif gefroren, aber in diesem Moment ungeheuer glücklich, trage ich meine Beute nach Hause – sie stellt einen großen Wert dar, denn an den Innenwänden der Büchse klebt noch etwas Zuckerstaub. Meine Mutter macht Wasser heiß und gießt es in die Dose – das ergibt ein wärmendes, süßliches Getränk: unsere erste Nahrung seit Tagen. Dann machen wir uns wieder auf den Weg, wir verlassen die Region Polesie, unser kleines Städtchen Pińsk, und fahren nach Westen, denn dort, so sagt die Mutter, in einem Dorf in der Nähe von Warschau, befindet sich unser Vater. Der Vater war an der Front, dann geriet er in Gefangenschaft, aus der er entfloh, und nun unterrichtet er Kinder in einer Dorfschule. Wenn wir, die wir während des Krieges Kinder waren, jetzt an jene Zeit denken und das Wort Vater oder Mutter aussprechen, lässt uns die Achtung vor diesem Wort ganz vergessen, dass unsere Mütter junge Frauen waren und unsere Väter junge Männer und dass sie einander begehrten, großes Verlangen empfanden, zusammen sein wollten. Auch meine Mutter war damals eine junge Frau, und sie verkaufte alles, was sie besaß, mietete ein Fuhrwerk und machte sich mit uns auf, den Vater zu suchen. Wir fanden ihn durch Zufall. Als wir durch ein Dorf kamen, rief die Mutter plötzlich einem Mann zu: Dziudek! Das war mein Vater. Von nun an wohnten wir gemeinsam in einer kleinen Kammer ohne Licht und Wasser. Wenn es dunkel wurde, gingen wir schlafen, denn wir besaßen nicht einmal eine Kerze. Der Hunger hatte uns seit Pińsk begleitet, und ich war ständig auf der Suche nach etwas Essbarem, einer Brotrinde, einer Karotte, egal was. Eines Tages sagte mein Vater, der sich nicht mehr anders zu helfen wusste, zu seiner Klasse: Kinder, wer morgen zu Schule kommen möchte, muss eine Kartoffel mitbringen. Der Vater verstand sich nicht aufs Handeln, daher sah er die einzige Rettung darin, die Schüler um ein paar Kartoffeln zu bitten. Manche Kinder brachten eine halbe, ja, nur eine viertel Kartoffel. Eine ganze Kartoffel war damals ein ungeheurer Schatz.

Neben meinem Dorf ist ein Wald, und in diesem Wald, in der Nähe einer kleinen Siedlung namens Palmiry, eine Lichtung. Auf dieser Lichtung führt die SS die Exekutionen durch. Anfangs werden die Menschen nur nachts erschossen, die dumpfen, in regelmäßigen Abständen folgenden Salven reißen uns aus dem Schlaf. Später erfolgen sie auch bei Tag. Die Verurteilten werden in geschlossenen dunkelgrünen Kastenwagen gebracht, und am Ende der Kolonne folgt das Erschießungskommando in einem Lastkraftwagen. Die Männer des Kommandos tragen immer lange Mäntel, man könnte glauben, der lange, mit einem Gürtel zusammengehaltene Mantel sei ein unverzichtbares Requisit des Mordrituals. Wenn eine solche Kolonne vorbeikommt, folgen wir, die Dorfkinder, ihr, wobei wir uns im Gebüsch am Wegrand verstecken. In wenigen Augenblicken beginnt in der Deckung der Bäume etwas, was wir Kinder nicht sehen dürfen. Ich spüre, wie mich ein eiskalter Schauer überläuft, wie ich am ganzen Leib zittere. Mit angehaltenem Atem warten wir auf das Krachen der Salve. Da ist es. Dann sind einzelne Schüsse zu hören. Nach einer Weile fährt die Kolonne nach Warschau zurück. Am

Ende des Zuges fahren wieder die SS-Männer vom Erschießungskommando. Sie rauchen Zigaretten und unterhalten sich.

Nachts kommen die Partisanen. Ich sehe ihre Gesichter am Fenster erscheinen, sich an die Scheiben pressen. Wenn sie dann an unserem Tisch sitzen, betrachte ich sie und denke immer dasselbe: dass sie vielleicht noch heute ums Leben kommen werden, dass sie gleichsam dem Tod geweiht sind. Natürlich konnten wir alle umkommen, aber sie wichen vor dieser Möglichkeit nicht zurück, boten ihr die Stirn. Einmal kamen sie, wie immer nachts. Es war Herbst, und es regnete. Sie besprachen im Flüsterton etwas mit meiner Mutter (den Vater hatte ich seit Monaten nicht gesehen, bis Kriegsende sollte ich ihn nicht mehr zu Gesicht bekommen – er hielt sich versteckt). Wir mussten uns rasch ankleiden und unsere Stube verlassen: In unserer Gegend wurden die Dörfer umstellt und alle Bewohner in Lager gebracht. Wir flohen nach Warschau, in ein vorbereitetes Versteck. Ich war zum ersten Mal in einer großen Stadt, sah zum ersten Mal eine Trambahn, mehrstöckige Mietshäuser, große Geschäfte. Wie wir später wieder ins Dorf kamen, weiß ich nicht mehr. Es war dies ein anderes Dorf, am jenseitigen Ufer der Weichsel. Ich erinnere mich nur, dass ich abermals neben einem Fuhrwerk hergehe und höre, wie der Sand des warmen Feldweges durch die hölzernen Radspeichen rinnt.

Während des ganzen Krieges träumte ich von Schuhen. *Schuhe zu besitzen*. Aber wie sollte ich dieses Ziel erreichen? Was tun, um zu Schuhen zu kommen? Im Sommer laufe ich barfuß, und die Fußsohlen sind hart wie Leder. Zu Beginn des Krieges fertigte mir der Vater ein Paar Schuhe aus Filz, aber mein Vater ist kein Schuster, und das Schuhwerk fällt unförmig aus, außerdem bin ich gewachsen, und es ist längst zu eng. Ich träume von festen, beschlagenen Schuhen, mit denen man so auftreten kann, dass es laut widerhallt. Zu jener Zeit waren Schaftstiefel in Mode, die Stiefelschäfte waren ein Symbol der Männlichkeit und Kraft. Ich konnte stundenlang schöne Stiefel betrachten, war verliebt in den Glanz von Leder, verliebt in sein Knarren. Aber es ging nicht nur um die Schönheit eines guten Schuhes, um Bequemlichkeit und Komfort. Ein kräftiger Schuh war ein Symbol für Prestige und Macht, Symbol der Herrschaft, ein schlechter, zerschlissener Schuh ein Zeichen der Erniedrigung, ein Schandmal des Menschen, dem man jegliche Würde genommen, den man zu einer unmenschlichen Existenz verurteilt hatte. Gute Schuhe besitzen hieß Macht haben, es bedeutete, *dass man existierte.* Aber in jenen Jahren gingen alle diese ersehnten Schuhe, die mir auf Straßen und Wegen begegneten, gleichgültig an mir vorüber. Ich blieb zurück (und glaubte, ich würde für immer so bleiben) in meinen klobigen Holzpantinen, die mit wasserfester Leinwand überzogen waren, der ich mit Hilfe irgendeiner Tinktur vergeblich Glanz zu verleihen suchte.

Im Jahre 1944 wurde ich Ministrant. Mein Priester war Kaplan eines Feldspitals. In einem Kiefernwald am linken Ufer der Weichsel standen versteckt lange Reihen getarnter Zelte. Während des Warschauer Aufstandes, und später zur Zeit der Januar-Offensive, herrschte hier ein fieberhaftes, erschöpfendes Treiben. Von der Front, die in der Nähe donnerte und qualmte, kamen Ambulanzwagen in rasender Fahrt.

Sie brachten Verwundete, oft ohne Bewusstsein, die eilig in den Wagen geladen worden waren, wie Getreidesäcke (nur, dass aus diesen Säcken Blut hervorquoll). Die Sanitäter, selbst bereits halb tot vor Erschöpfung, hoben die Verletzten aus dem Wagen und legten sie ins Gras, dann nahmen sie einen Schlauch und spritzten sie kräftig mit kaltem Wasser ab. Wenn ein Verwundeter ein Lebenszeichen von sich gab, wurde er ins Zelt geschleppt (vor dem Zelt lag jeden Tag ein neuer Berg amputierter Arme und Beine), wer sich nicht mehr bewegte, wurde zu einer riesigen Grube gebracht, die hinter dem Zelt ausgehoben worden war. Dort, an jenem nicht enden wollenden Grab, stand ich stundenlang mit dem Priester, sein Brevier und den Kessel mit Weihwasser in Händen. Ich sprach ihm das Totengebet nach. Für jeden Gefallenen sagten wir amen, Dutzende Male am Tag amen, ständig in Eile, denn irgendwo in der Nähe, hinter dem Wald, war der Tod unermüdlich am Werk. Bis es dann endlich wieder still und leer wurde – die Ambulanzwagen fuhren nicht mehr, die Zelte verschwanden (das Spital wurde nach Westen verlegt), und im Wald blieben nur die Kreuze zurück.

Was war dann? Wenn ich hier ein paar Seiten meines Buches über die Kriegsjahre zu Papier bringe (eines Buches, das ich nie geschrieben habe), denke ich nach, wie wohl die letzte Seite, das Ende, der Epilog ausschauen könnte. Was würde dort über das Ende des großen Krieges gesagt werden? Ich glaube, nichts, das heißt nichts Abschließendes. In einem gewissen, aber wichtigen Sinn ist der Krieg für mich weder im Jahre 1945 noch unmittelbar darauf zu Ende gegangen. Etwas von diesem Krieg dauerte in mancherlei Weise immer noch fort, einiges bis zum heutigen Tag, denn für diejenigen, die ihn überlebt haben, wird dieser Krieg, davon bin ich überzeugt, nie endgültig vorbei sein. Bei afrikanischen Stämmen begegnet man dem Glauben, dass ein Mensch erst dann wirklich tot ist, wenn auch der Letzte von denen gestorben ist, die ihn gekannt haben und sich an ihn erinnern können. Das heißt, jemand (oder etwas) hört erst dann wirklich auf zu existieren, wenn alle Träger der Erinnerung an ihn aus der Welt geschieden sind. Mit dem Krieg verhält es sich ähnlich. Diejenigen, die ihn überlebt haben, können sich nie mehr von dieser Erfahrung befreien. Sie bleibt an ihnen haften wie ein geistiger Buckel, wie eine schmerzhafte Geschwulst, die nicht einmal ein so geschickter Chirurg wie die Zeit entfernen kann. Hört einmal aufmerksam hin, wenn Leute zusammenkommen, die den Krieg mitgemacht haben. Worüber sie zu Beginn sprechen, ist gleichgültig. Sie können tausend Themen berühren, am Ende kommt immer dasselbe: Kriegserinnerungen. Selbst unter friedlichen Bedingungen werden diese Menschen in Bildern des Krieges denken, sie werden diese an jede neue Wirklichkeit anlegen, mit der sie sich nicht mehr zur Gänze zu identifizieren vermögen, weil diese Wirklichkeit in der Gegenwart wurzelt, sie aber sind verstrickt in die Vergangenheit, kehren ständig zu ihren Erlebnissen zurück und dazu, wie es gelang, diese zu überleben. Ihr ganzes Denken besteht aus einer einzigen, sich zwanghaft wiederholenden Rückbesinnung. Aber was bedeutet das – in den Bildern des Krieges denken? Das heißt sehen, dass sich alles in unerträglichem Spannungszustand befindet, dass alles Grausamkeit und Schrecken verbreitet. Denn die Wirklichkeit des Krieges ist eine Welt der radikalen manichäischen Reduzierung, die alle weichen, warmen Zwischentöne verschwinden lässt und alles auf einen scharfen, aggressiven Gegensatz reduziert, auf den Gegensatz zwischen Schwarz und Weiß, die ständige Auseinandersetzung zwischen Gut und Böse. Niemand sonst befindet sich auf dem Schlachtfeld! Nur das Gute – das heißt wir, und das Böse – mit anderen Worten alles, was wir pauschal mit der unheilkündenden Kategorie Feind bezeichnen. Das Bild des Krieges ist getränkt mit der Atmosphäre der Kraft, der physischen, dinglichen, eisenklirrenden, qualmenden, immer wieder explodierenden, ständig jemanden attackierenden Kraft, die in jeder Geste ihren Ausdruck findet, in jedem Stiefeltritt aufs Pflaster, jedem Kolbenhieb über den Kopf. In diesem Denken wird jeglicher Wert an der Kraft als einzig relevantem Maßstab gemessen – der Kräftige allein ist es, der zählt, sein Recht, sein Schrei, seine Faust. Denn das Ziel besteht nicht darin, Konflikte durch Kompromisse zu lösen, sondern durch die Vernichtung des Gegners. Und all dies geschieht in einem Klima extremer Emotion, Exaltation, Wut und Verbissenheit, in dem wir uns stets betäubt und geschwächt, vor allem aber bedroht fühlen. Wir gehen durch eine Welt voll hasserfüllter Blicke, zusammengekniffener Lippen, Gesten und Stimmen, die uns Schrecken einjagen.

Lange Zeit war ich der Meinung, dies sei die einzige Welt, so schaue die Welt aus, das sei das Leben. Das ist begreiflich: Die Kriegsjahre waren für mich die Zeit der Kindheit, später des beginnenden Heranreifens, des ersten Verstehens, des erwachenden Bewusstseins. Daher glaubte ich, nicht der Frieden, sondern der Krieg sei der Normalzustand, ja, der einzig mögliche, die einzige Form der Existenz; ich war überzeugt, das Herumirren, der Hunger und die Angst, die Fliegerangriffe und Feuersbrünste, die Razzien und Exekutionen, die Lügen und der Lärm, die Verachtung und der Hass seien die natürliche und ewige Ordnung der Dinge, machten Inhalt und Sinn jeglicher Existenz aus. Daher war ich verblüfft, als von einem Tag auf den anderen der Lärm der Geschütze verstummte, das Krachen der Bomben verhallte und Stille eintrat, weil ich diesen Zustand nicht zu deuten vermochte. Ein Erwachsener konnte angesichts dieser Stille wahrscheinlich sagen: »Die Hölle ist zu Ende. Endlich herrscht wieder Frieden.« Ich besaß keine Erinnerung an den Frieden, ich war damals noch zu klein: Als der Krieg zu Ende war, kannte ich nur die Hölle.

Die Jahre vergingen, aber der Krieg blieb uns unaufhörlich in Erinnerung. Ich lebte weiterhin an einem Ort, der in Trümmern lag, ich kletterte über Berge von Schutt, irrte durch ein Labyrinth von Ruinen. Die Schule, die ich besuchte, hatte keine Fußböden, Fenster und Türen: Alles war verbrannt. Wir besaßen weder Hefte noch Bücher. Und ich hatte nach wie vor keine Schuhe: Der Krieg als Drangsal, als Entbehrung und Bürde währte immer noch. Ich besaß auch kein Heim. Die Rückkehr nach Hause ist das wichtigste Symbol für die Beendigung des Krieges. Tutti a casa! Aber ich konnte nicht nach Hause zurückkehren, denn Daheim befand sich unversehens im Ausland, jenseits der Grenze. Eines Tages spielten wir nach der Schule im nahen Park Fußball. Ein Kamerad kroch auf der Suche nach dem Ball in ein

Gebüsch. Es gab einen furchtbaren Knall, und wir wurden alle zu Boden geworfen: Unser Freund verlor sein Leben durch eine Mine, die dort versteckt gelegen hatte. Der Krieg lauerte uns also weiterhin auf, er wollte nicht aufgeben. Seine Opfer schleppten sich auf hölzernen Krücken durch die Straßen, ließen leere Rockärmel im Winde flattern. Wer den Krieg überlebt hatte, dem erschien er in der Nacht, den quälte er mit Alpträumen.

Vor allem aber in unserem Inneren ging der Krieg weiter, weil er fünf Jahre lang die Heranbildung unseres jungen Charakters, unserer Psyche, unserer Mentalität beeinflusst hatte. Weil er diese deformierte und zerstörte, indem er die schlechtesten Beispiele gab, uns ein unwürdiges Benehmen aufzwang, niedrige Gefühle in uns freisetzte. »Der Krieg«, schrieb damals der polnische Philosoph Bolesław Miciński, »deformiert nicht nur die Seele der Eroberer, er vergiftet auch durch den Hass, und damit deformiert er auch die Seelen jener, die sich den Eroberern entgegenstellen.« – »Aus diesem Grunde«, fügte er hinzu, »ist mir der Totalitarismus verhasst, weil er mich nämlich gelehrt hat zu hassen.« Ja, aus dem Krieg kommen, das bedeutete, sich innerlich zu reinigen, vor allem vom Hass. Aber wie viele von uns haben dies tatsächlich versucht? Und wie vielen ist es gelungen? Jedenfalls war es ein anstrengender und langwieriger Prozess, der nicht von einem Tag auf den anderen gelingen konnte; die Wunden, die wir aus dieser großen Feuersbrunst davongetragen hatten, die psychischen und moralischen Wunden, saßen ungeheuer tief.

Wenn vom Jahre 1945 die Rede ist:

Als irritierend empfinde ich den Ausdruck, den ich manchmal in diesem Zusammenhang höre: Siegesfreude. Was für eine Freude kann das sein? So viele Menschen sind ums Leben gekommen! Millionen Tote sind begraben worden! Tausende haben Arme und Beine verloren. Ihr Augenlicht und ihr Gehör. Den Verstand. Jeder Tod ist eine Tragödie. Das Ende jedes Krieges ist traurig: Ja, wir haben überlebt, aber um welchen Preis! Der Krieg führt den Beweis, dass der Mensch als denkendes und fühlendes Wesen versagt, dass er sich selbst enttäuscht, dass er eine Niederlage erlitten hat.

Wenn vom Jahre 1945 die Rede ist:

Irgendwann im Sommer jenes Jahres brachte eine Tante, die wie durch ein Wunder den Warschauer Aufstand überlebt hatte, ihren Sohn Andrzej, der während des Aufstandes geboren worden war, in unser Dorf. Heute ist er ein vierzigjähriger Mann, und wenn ich ihn betrachte, geht mir durch den Kopf – wie lange das alles her ist! Die wievielte Generation kommt bereits zur Welt, die keine Ahnung davon hat, was der Krieg ist! Und dennoch müssen diejenigen, die ihn überlebt haben, Zeugnis ablegen, sie müssen Zeugnis ablegen im Namen all jener, die neben ihnen, und oft für sie, gefallen sind. Sie müssen Zeugnis ablegen von den Lagern, der Vernichtung der Juden, der Zerstörung von Warschau und Wrocław. Ob das leichtfällt? Nein, es ist schwierig. Wir, die wir den Krieg überlebt haben, wissen, wie schwer es ist, jenen die Wahrheit zu sagen, denen diese Erfahrungen zum

Glück erspart geblieben sind. Wir wissen, wie sehr uns die Sprache, die Worte im Stich lassen. Wie dies alles im Grunde nicht vermittelt werden kann, wie ratlos wir oft sind (in Chicago sagte jemand zu mir: »Er wurde nach Auschwitz gebracht? Aber warum har er sich das gefallen lassen? Warum hat er keinen Anwalt genommen?«). Trotz dieser Schwierigkeiten und Beschränktheiten, die wir nicht vergessen dürfen, müssen wir sprechen. Denn das Sprechen über diese Dinge trennt nicht, sondern es bringt einander näher, es erlaubt, Fäden des Verständnisses, der Gemeinsamkeit zu knüpfen. Die Toten sind eine Mahnung. Sie haben uns etwas Wichtiges hinterlassen, und es ist nun an uns, die Verantwortung zu übernehmen. Sofern wir dazu imstande sind, müssen wir uns allem entgegenstellen, was neuerliche Kriege heraufbeschwören, Verbrechen hervorbringen, Katastrophen auslösen könnte. Denn wir, die den Krieg überlebt haben, wissen, wie dieser beginnt, was ihn verursacht. Nicht allein Bomben und Raketen, sondern auch, und vielleicht sogar vor allem, Fanatismus und Hochmut, Dummheit und Verachtung, Ignoranz und Hass. Wir wissen, dass er sich von diesen Elementen nährt, auf ihnen und aus ihnen wächst. So wie die Grünen gegen die Vergiftung der Luft durch Abgase kämpfen, müssen wir uns gegen die Vergiftung der zwischenmenschlichen Beziehungen durch Ignoranz und Haß einsetzen.

Wenn vom Jahre 1945 die Rede ist:
    denke ich an jene, die nicht mehr sind.

Wenn vom Jahre 1945 die Rede ist:
> Entschlafen sind nun wilde Triebe
> Mit jedem ungestümen Tun;
> Es reget sich die Menschenliebe,
> Die Liebe Gottes regt sich nun.
> (J. W. Goethe, Faust)

Hoffentlich. Hoffentlich.

Aufbruch der fünften Kolonne

Sie erzählten, wie es entstanden war.

Sie sagten, es habe mit der Zeit und der Musik begonnen.

Zeit und Musik fielen zusammen, die Musik dauerte eine Stunde, und sie wussten, dass diese Stunde ihnen schlug.

Sie hörten eine bekannte Melodie. Anfangs hörten sie entfernte, hohe Töne, dann wurden durch den Wind und den Raum tiefe, harte Stimmen herangetragen. Sie vernahmen Gesang, das Wirbeln von Trommeln, scharf gesprochene Befehle. Sie konnten das Kreischen von Panzern unterscheiden, die Bässe von Geschützen, den Lärm von Motorrädern. Gejammer und Geschrei. Das Wasser summte im Eimer. Sie waren durstig, sie mussten trinken. Gewehrkolben pochten an Türen, sie schnaubten, schließlich lachten sie. Lachen und Schnauben waren ihre Sprache. Sie hörten Stimmengewirr. Die Musik wurde lauter, sie füllte das Zimmer, den Gang und den Hof, sie rollte über das Straßenpflaster und verschwand im Wald. Das hatte keiner gehört außer ihnen. Denn nur sie besitzen den *Blutinstinkt**.

»*Blutinstinkt?*«, fragte ich. »Was heißt *Blut*?«

»Blut. Auf Deutsch«, sagte einer der Nebenstehenden.

---

* Kursiv = im Original deutsch

Also, das war so: Zwei Kröten lagen reglos da. Jemand leitete elektrischen Strom in ihre Körper. Sie begannen zu zittern, in den verkalkten Adern regte sich das Blut. Das Blut stieg ins Gehirn und füllte die für Musik empfänglichen Zellen. Empfänglich für die Art von Musik, die man hören, erleben und im Gedächtnis behalten kann, wenn man den *Blutinstinkt* besitzt. Und sie besitzen ihn. Daher sagt die eine zur anderen:

»Das ist es, Margot.«

»Ja«, antwortet Margot, »das ist unsere Musik und unsere Stunde.«

In diesem Gespräch gibt es nur wenige Worte, man kann sie an den Fingern abzählen. Doch das Blut strömt ins Gehirn, und die Zellen füllen sich mit Trommelwirbel. Die einen Zellen horchen und die anderen denken. Der Kopf kann nicht schlafen. Zwei Köpfe wachen in dieser Nacht, zahnlose Kiefer malmen Gebete. Oh Herr, gib in deiner Güte, dass es Morgen wird. Also kommt das Morgengrauen. Es ist der 11. September 1961. Montag.

Zwei Frauen flüchten aus dem Altersheim in Szczytno.

Keiner sieht es.

Augusta ist älter, Margot jünger. Augusta kann sich nicht aufrecht halten, daher wird sie von Margot gestützt, so können beide erhobenen Hauptes gehen. Oft ringt Augusta nach Atem, dann bleibt sie für einen Moment stehen. Wieder hört sie Musik, doch ihr geht die Luft aus. Dann bleiben sie stehen, und Augusta wartet auf dieses Fünkchen Energie, das ihr die Kraft für die nächsten zehn Meter liefert. Wenn es für zwanzig reicht, ist das schon sehr gut.

Augusta Bruzius, Jahrgang 1876. »Mein Herr«, sagt sie zu mir, »schauen Sie mich an. Mein Denken ist klar, in meinem Inneren ist alles in Ordnung. Lunge und Herz völlig in Ordnung. Sie ist jünger, doch sie hat Rheumatismus.«

Sie, Margot, ist ihre Tochter. Augusta brachte sie im Jahre 1903 zur Welt. Margot ist sehr gebildet. Zehn Jahre arbeitete sie bei Gericht. »Hat sie Polen verurteilt?«, frage ich. »Sie hat keinen verurteilt, sie war nur Stenographistin.«

Der Funken Energie schwillt in Augustas gesundem Inneren an, sie gehen weiter. Zu Mittag erreichen sie den Bahnhof. Sie kaufen Fahrkarten.

»Zwei Fahrkarten nach Taubus«, sagt Augusta.

»Die Kassiererin sah uns so an. Sie wusste noch nicht, wo Taubus liegt. Margot musste ihr sagen, dass wir nach Olecko wollen. Und dann hob sie die Augenbrauen, weil unser Geld ganz grün war. Das war *Schimmel*. Ich hab die Scheine für die Fahrkarten nach Taubus zehn Jahre lang aufbewahrt.«

Nun hatten sie also Fahrkarten und fuhren nach Olecko. Die schöne Landschaft der Masuren zog durch Schwaden von Regen und Nebel am Fenster vorbei. Im Zug, auf den Stationen und Wegen waren viele Leute. Was konnten die vom *Blutinstinkt* wissen? Das betraf sie nicht. Nur die beiden hatten das in ihrem Blut, was man braucht, um die Musik zu hören. Daher sagte eine zur anderen:

»Das ist es.«

Und die Zweite antwortete:

»Ja.«

Vier Wörter, man kann sie an den Fingern einer Hand abzählen. Doch es genügt, um sicherzugehen: In den Zellen wirbeln die Trommeln. Das Kreischen der Panzer, das Dröhnen der Motoren versetzen das Gehirn in Schwingungen, bis es schmerzt. Das Wasser singt im Eimer. Sie sind durstig, sie müssen trinken. Zwei alte Frauen machen sich auf den Weg, um polnische Gurgeln abzutasten. Zwei alte Frauen im Zug nach Olecko. Sie brauchen Hilfe, sie bedürfen der Fürsorge. Graue, gebeugte Frauen auf Reisen. Vielleicht möchte ihnen einer der Herren seinen Platz anbieten? Soll ich das Fenster schließen? Es kann ruhig offen bleiben. Fahren Sie weit? »Bis nach Taubus«, sagt Margot. »Nach Olecko«, erklärt Augusta. »Familienbesuch?«

Sie schweigen. Warum sollen sie sagen, dass sie zwei Häuser zurückhaben wollen. Diese Häuser, so wird Augusta uns später anvertrauen, hat ihr Mann gebaut, Bruzius, der größte Fleischer in Taubus. Sie besaßen 90 Ackerhufe Grund. Auf denen arbeiteten hundert polnische Knechte. Eines Tages fuhr ihr Mann mit zwei Pferden aus, da stieß der Wagen gegen einen hohen Stein. Der Mann stürzte zwischen die Pferde und starb. Der Mann hinterließ Grund und Boden, die Häuser, die Knechte und Margot. Der polnische Staat nahm ihnen den Grund und die Häuser weg. Die Knechte gingen von selber. Blieb Margot. Als sie endlich nach Essen ausreisen durften, bekam Margot diesen Rheumatismus. Sie waren lang im Spital in Szczytno. Später dann kamen sie ins Altersheim. Dort, in dem Altersheim, herrschte ständig Lärm. Auch am Sonntag war es laut. Doch dann verflüchtigte sich alles, und sie hörten diese Stimmen.

»Das ist es«, sagte Augusta.

»Ja«, antwortete Margot, »das ist unsere Musik und unsere Stunde.«

Sie machten sich auf nach Olecko. Vom Bahnhof gingen sie zum Ringplatz. Ihre Häuser standen am Ringplatz. Große Wohnhäuser. Von Anfang an war da etwas, was sie störte: Die Musik begleitete sie nicht bis in die Stadt. Weder der Trommelwirbel noch die Bässe der Geschütze. Olecko lag ruhig da, verregnet und schläfrig. Hier lebten Menschen, wie es sie überall auf der Welt gibt. Sie kümmerten sich um ihre eigenen kleinen Dinge, wollten ihr kleines Geld verdienen. Die Bauern kauften Nägel, die Kinder kehrten aus der Schule zurück, die Beamten tranken kalten, dünnen Tee. Das klang nicht wie ein Lied. Das war überhaupt keine Musik.

Augusta und Margot klopften an die Tür. Später werden sie sagen, ein Junge habe ihnen geöffnet. Er glaubte, sie seien auf Betteltour, und sagte, er habe kein Kleingeld. Er deutete auf eine andere Tür. Sie gingen also von Tür zu Tür, zwei graue Frauen, die Hilfe und Fürsorge brauchten. An jeder Tür wiederholten sie ihre Formel. Von jetzt an ist hier der deutsche Staat, ihr müsst von hier verschwinden. Geht fort von hier, weil meine Söhne kommen. Sie sagten das auf deutsch, weshalb die Menschen sie nicht verstanden. Manchmal brummte ein Nachbar dem anderen zu, die beiden Frauen seien nicht ganz richtig im Kopf. So sind sie oft, die Menschen, sie bringen es nicht über sich, den anderen bis zum Ende anzuhören. Sie schnappen zehn Wörter auf und warten nicht, bis der andere zum Punkt gekommen ist. Aber ein unterbrochener Satz wirkt nun einmal verrückt. Deshalb sagen sie gleich: Die sind verrückt.

Aber sie waren nicht verrückt. Ich habe mich lange mit ihnen unterhalten. Augusta hatte recht – ihr Denken war klar. In Szczytno waren sie nachts in den Kulturraum des Altersheims geschlichen, wo es ein neues, starkes Radio gab. Sie drehten am Knopf, um im Äther zu suchen. Das magische Auge blinkte nervös. Die Alten fingen Adenauer ein. Sie horchten, an den Lautsprecher gepresst, in ihren Zellen begannen die Trommeln zu wirbeln.

In Olecko blieben sie drei Tage. Doch die Musik war nicht zu hören, sie bekamen ihre Häuser nicht zurück und nicht die Ackerhufe und auch nicht die polnischen Knechte. Also gingen sie zur Rada Narodowa, zum Nationalen Rat, um sich zu beschweren. Dort sagte man, sie sollten nach Szczytno zurückkehren. Das wollten sie nicht, sie wollten in der Nähe von Olecko bleiben. Man gab ihnen Geld für Fahrkarten, daher fuhren sie nach Nowa Wieś bei Ełk. Hier gibt es genauso ein Altersheim wie in Szczytno. Nur dass es hundert Kilometer näher an der Stadt liegt, in der Herr Bruzius, der größte Fleischer in Taubus, mit hundert polnischen Knechten gewirtschaftet hat.

Es war Abend, Regen quälte die Erde. Sie betraten die Kantine des Heimes, Ströme von Wasser, Dämmerung, Demut und Erschöpfung hinter sich herziehend. Wir saßen mit dem Leiter des Heims auf einer Bank.

»*Herr Führer* ...«, begann Margot.

»Ich verstehe nichts«, rief der Leiter. »Polnisch!«

Margot zog sich zurück: sie wollte nicht sprechen. Während ihres Aufenthaltes in der Kantine kam kein polnisches Wort über ihre Lippen. Aber Augusta sagte: »Wir nach Olecko gekommen, weil wir denken, es ist schon deutscher Staat, und dann sagen sie uns, ist polnischer Staat. Ich wollte meine Häuser wiederhaben, dort meine Söhne begrüßen.«

»Welche Söhne?«, fragte ich.

Ach ja, sie hatte vier Söhne. Ein Sohn war an der ukrainischen Front. Der zweite an der sibirischen Front. Die zwei Söhne sind an diesen Fronten geblieben. Doch zwei weitere Söhne sind in Westdeutschland. Dort sind sie, die Söhne. Sie werden herkommen, um Frieden zu machen. Sie werden mit Amerika kommen. Hierher werden sie kommen, die Söhne.

Wie haarige Spinnen krochen ihre Worte durch mein Gehirn. Ich sah sie an – sie war 85, doch wenn sie *Wiener Blut* tanzte, würde am Ringplatz von Olecko der Staub hochwirbeln. Margot war weniger lebhaft. Gebeugt, zahnlos, mit hängenden Lippen. Sie hatte vorstehende Augen und trug eine Brille mit kaputten Bügeln.

»Wo habt ihr eure Sachen?«, fragte der Leiter.

Sie hatten alles in Szczytno zurückgelassen. Sie hatten keine Zeit gehabt, etwas mitzunehmen, weil sie nach Olecko wollten, ehe die beiden Söhne aus Amerika kommen würden. Die beiden Frauen brauchen nichts. Nur etwas zu essen und ein Bett, und morgen gehen sie nach Olecko, weil morgen vielleicht ihre Stunde schlägt. Und vielleicht wird ihre Musik die Zeit bis dahin ausfüllen.

Wir waren nicht allein, Menschen hatten sich um uns versammelt, sie spitzten die Ohren. Ältere Leute, Bewohner des Hauses mit schlaffen Gesichtern, krummen Körpern, von Demenz verbrannten Gehirnen. Sie sitzen tagelang da und starren auf den Weg, auf dem keiner kommt. Oder sie starren einander an, um dann plötzlich in Tränen auszubrechen. Sie sind taub und blind geworden und können nichts mehr riechen und schmecken. Doch an manches erinnern sie sich noch. Die Frauen können noch die Namen der ermordeten

Kinder sagen, und die Männer wissen noch die Adressen ihrer Häuser, die Granaten in Trümmer gelegt haben. Jetzt sind sie einsam und ratlos, weil der Krieg sie dazu gemacht hat. Der Krieg ist oft durch dieses Land gestürmt, in dem es ihnen bestimmt war, zu leben, zu gebären, zu arbeiten und zu sterben. Jeder von ihnen hat eine offene Rechnung, die er den Musikern gern präsentieren würde. Jeder würde gern mit den Spielern, die diese pathetische Musik machen, ein paar Worte wechseln. Die alten Leute wussten, dass die beiden nicht verrückt waren. Sie wussten: Zwei Kröten lagen reglos da, und jemand schloss Strom an ihre Körper an. Da begann sie zu zittern, in den verkalkten Adern pulsierte das Blut. Das Blut strömte ins Gehirn, die Zellen füllten sich mit Trommelwirbel.

So war das, genau so. Deshalb sagte der Alte, der die Menge anführte:

»Jagt sie fort!«

Und andere sprachen ihm nach:

»Natürlich, fortjagen!«

Da kehrte etwas zurück, etwas Böses, ein verfluchter Teil der Vergangenheit, und die bleichen, längst verstummten Gesichter der Alten, die nichts mehr ausdrückten, füllten sich von neuem mit Blut. Doch sie hatten nicht genug Kraft. So standen sie beisammen und spuckten aus zahnlosen Höhlen ihre Urteile, ihre Flüche, ihre dumpfe Verzweiflung. Aber vielleicht lag es auch nicht an der fehlenden Kraft, vielleicht war es eine gewisse Solidarität des Alters, das instinktive Verhalten einer Gemeinschaft, die blind, stumpf und taub auf ihr Grab zusteuerte und die immer noch wusste oder jedenfalls fühlte, dass man die beiden Alten nicht nachts in Kälte und Regen hinausjagen konnte.

Also blieben sie.

Der Leiter sagte, am nächsten Tag würde ein Auto sie nach Szczytno zurückbringen. Sie sagten nichts, sie aßen sich satt, dann gingen sie schlafen, und in der feuchten Morgendämmerung machten sie sich davon, eine gestützt auf die andere, flink und ausgeruht, mit diesem Trommelwirbel in ihren Zellen.

Weit

Er war alt wie eine Fichte. Wenn die Städter kamen, riefen sie einander zu: »Hi, hi, schau dir den Alten an. Der leuchtet beim Gehen.« Doch im Dorf lachte keiner über alte Leute. Denn es war eine Gegend der grauen Haare. Alter ist etwas Auswegloses. Hier gab es für niemanden einen Ausweg. Ringsum die Grenze. Felder, Wiesen, Sumpf und Wald. Jenseits der Grenze muss das Leben besser sein. So stellen die Menschen es sich immer vor. Und dann gehen sie fort und kommen doch wieder zurück. Na, und wie war's dort – fragt man den Heimkehrer. Der aber schweigt und macht nur eine abwehrende Handbewegung. Morgen wird er aufs Feld hinausgehen. Er wird eine Handvoll Erde nehmen und daran riechen. Die Städter wissen nicht, dass man den Boden riechen kann. Hier hat der Boden zwei Gerüche: sandig und sumpfig. Schlechte Felder, magere Furchen.

Hinter dem Dorf liegt ein Tümpel. Als eine kühle Brise aufzog, ging der Alte zum Tümpel. Der Alte, der wie eine Fichte war und leuchtete. Man trug dort leinene Hemden bis zum Knie und leinene Hosen bis zu den Knöcheln. Knöpfe waren unbekannt, daher musste das Hemd lang sein, weil man sonst zu viel vom Menschen zu sehen bekam. Doch jetzt zog der Alte Hemd und Hose aus, er wusch sich. Es war allerdings kein wirkliches Waschen, eher ein Besspritzen. Dann nahm er Birkenteeröl, und mit dem Birkenteeröl rieb er seine Haut ein. In jede Falte eine doppelte Portion. Flöhe haben Birkenteeröl nicht gern, und Wanzen bleiben daran kleben. Das Öl schimmerte auf seiner Haut. Dann zog er sein Hemd wieder an und über das Hemd den Schafpelz. Er füllte den Schafpelz nicht richtig aus, deshalb band er ihn mit Draht zusammen. Und so verdrahtet kehrte er ins Dorf zurück und kroch auf den Ofen. Herbst und Winter verdöste er auf dem Ofen. Und im Frühjahr ging er zum Tümpel. Er öffnete den Draht und bespritzte sich wieder.

Hier ist dieser Tümpel. Doch der Alte ist nicht da. Drei Knirpse planschen im trüben Wasser, schnauben und treiben Possen. Und da ist noch ein vierter. Der badet nicht. Er kann nicht baden, weil er eine Uhr am Handgelenk trägt. Er kann sie nicht abnehmen – das wäre eine Degradierung. Jeder soll den Tümpel und den am Ufer stehenden Knirps sehen. Und jeder soll dabei denken: Da schau an, der kleine Kerl aus Cisówka prahlt mit einer Uhr!

Zum Dorf geht es rechts, durch jene Schonung. Meine Mutter lief immer zur Schonung, um Reisig zu holen. Reisig für den Ofen. Wenn das Blech heiß wird, ist es gerade recht für Fladen. Brot kannten wir nicht. Mutter mischte Mehl mit Wasser, und dann aufs Blech damit. Wir nannten das Aschenbrot. Manchmal gab es Butter, doch an ein Messer kann ich mich nicht erinnern. Wenn man den Fladen mit Butter beschmieren wollte, nahm man die Butter auf den Finger. Ich weiß noch, wie es duftete, wenn die Butter auf dem heißen Fladen schmolz. In unseren Bäuchen begannen hundert Hunde zu heulen. Eines Tages kaufte Vater einen halben Laib Brot. Von fern sahen wir ihn das Brot tragen. Ich stand mit der Schwester am Fenster und als ich das Brot sah, begann ich zu weinen. Es war dieser eine Moment in meinem Leben, da ich begriff, was Glück bedeutet.

»Wovon träumst du?«, fragte ich kürzlich ein Mädchen.

»Wovon? Dass ich mir Haarspangen für 1400 Złoty kaufe, und dass ich ein große Zimmer habe, mit einem riesigen kuscheligen Sofa.«

»Und essen willst du nicht?«

»Essen? Warum stellst du so dumme Fragen?«

Aber das ist keine dumme Frage. Eine solche Frage kann die Welt in Stücke sprengen. Wenn die Frage von vielen Menschen gestellt wird, kommt es zur Revolution. Doch wie soll ich das dem Mädchen erklären?

Ins Dorf geht's an den Zäunen aus Draht entlang. In den Drähten singen elektrische Funken. Ein Vogel setzt sich auf den Draht – einen Vogel tötet er nicht. Wenn ein Mensch den Draht berührt, fällt er tot um. Das macht Sinn. Strom hat jeder, so viel er braucht. Der eine für die Häckselmaschine, der andere fürs Licht, wieder ein anderer, um die Nähmaschine anzutreiben. Es kommt vor, dass in einem Haus alles auf einmal läuft. Den Strom haben sie vor drei Jahren hergeleitet. Damals knipste ihn jeder noch mit Bedacht an. Die Städter lachten deshalb. Aber ein Bauer lacht nicht darüber: Ein Bauer knipst mit Bedacht an. Licht – Dunkel, Licht – Dunkel. Jetzt hat er, was er will, Himmel und Hölle in einem Kontakt.

In den alten Stuben blieben die Rußspuren von den verbrannten Kienspänen zurück. Diese Spuren muss man übermalen. Ich betrete die Stube und muss mich bekreuzigen: der reinste Abstraktionismus. Eine Wand cremefarben, die andere orange, wieder eine andere hellblau und auch der Sturzboden hellblau. Ein Radio auf dem Schrank, ein Lampenschirm an der Decke, eine Maschine. Die Kinder in ihren kleinen Betten auf weißen Kissen. Alle besuchen die Schule. Der Älteste beendet in diesem Jahr die Schule, er wird sich weiterbilden. Denn er ist klug. Er schreibt kluge Sachen in seine Hefte. Was für Sachen? Das weiß die Mutter nicht, denn sie kann weder schreiben noch lesen. Von wem hätte sie das lernen sollen? Hierher kamen nie gelehrte Menschen. Wenn ein Mensch gelehrt ist, trägt er eine Brille. Solche Leute bekam man hier nur einmal zu sehen. Sie gingen herum und schrieben die Brauchtümer auf, die Gewohnheiten, die Hochzeitsgesänge. Dieses elende Stück Land war ein Paradies für Ethnographen. Der faulige Białystoker Sumpf, versteckt im Schatten des Urwalds von Białowieża. Und auch Cisówka, irgendwo verloren zwischen den Zuflüssen von Narwa und Świsłocza, war ein solches Paradies. Meine Herrschaften – dozierte der Professor an der Uni –, wenn Sie vor dem Krieg eine authentische slawische Zadruga finden wollten, wie sie die ursprüngliche Gemeinschaft in unserem Teil Europas charakterisierte, dann hätten Sie in dieses Gebiet fahren müssen. Während er sprach, fuhr er mit dem Finger auf der Landkarte über die Region von Wołkowysk, Zabłudowo, Siemiatycze. Und von Cisówka.

»Die Menschen dort kannten kein Auto. Wenn man mit dem Auto durch diese Gegend fuhr, konnte man sehen, wie der Lärm des Motors und das Hupen Panik auslösten. Wenn man mit dem Auto durch die Dörfer fuhr, waren sie leer.« Die Menschen flüchteten auf die Dachböden. So war es damals, vor dem Krieg.

Ich setze mich auf eine Bank. Ein Bauer fährt mit einem Motorrad der Marke WFM aufs Feld. Rechen und Gabel hat er am Motorrad befestigt. Der Motor brummt am Horizont, vor dem Wald. Die Sonne geht hinter dem Wald unter. Die Menschen kommen vom Feld gefahren. Blitzblanke Pferde, die Wagen auf Ballonreifen.

Wird es in diesem Jahr eine gute Ernte geben? Aber sicher, heuer können wir mit einer Ernte rechnen, wie sie noch keiner im Dorf erlebt hat – weder der Schnauzbärtige noch der Hasenschartige. Auch Łukasz Mikołaj sagt, er könne sich an so etwas nicht erinnern. Łukasz hat neun Söhne, aber nur eine Tochter. Er ist Bauer, was seine Anatomie und soziale Zugehörigkeit angeht. Łukasz geht mit offenen Augen herum, er sieht, wie sich das Dorf verändert hat. Wenn der Krämer in früheren Zeiten im Frühjahr einen Sack Zucker bestellte, hatte er diesen Sack bis zum Winter nicht verkauft. Er verkaufte jeweils fünf, zehn Deka. Jetzt bringen sie den Zucker säckeweise hierher, und er reicht nicht. Vor dem Krieg bekam ich einmal Radios, um sie in Kommission zu verkaufen. Doch vor dem Krieg kostete ein Radio so viel wie sieben Kühe. Keiner kaufte eines. Heute bekommt man schon für eine Kuh einen prächtigen Radioapparat, »Stolica«, Hauptstadt. Heute steht in jeder Hütte ein Radioapparat.

Łukasz ist ein begnadeter Philosoph und Diskutant. Ich höre gerne zu, wenn er mit dem Dorfschulzen streitet. Hier ist der Boden schlecht, sagt er, hier wird sich der Sozialismus nicht so rasch durchsetzen. Man kann hier nicht mit einem Traktor fahren. – Kann man doch, sagt der Schulze, was heißt, man kann nicht fahren?! Man kann. Dann geht es Łukasz nicht um den Traktor, sondern um Azotox. Der Kartoffelkäfer ist in unsere Gegend gekommen und eine riesige Plage. Er sabotiert die Bauern. Wenn man ihm Azotox gibt, rollt er sich ein und rührt sich nicht mehr. Aber Azotox ist Mangelware, die Bauern reißen es sich aus den Händen. Wieder gibt es Streit. Denn nicht jedes Azotox wirkt wie das andere. Eines enthält mehr Metoxychlor, das andere Lindan, wieder ein anderes HCN – lauter Begriffe, die mir nichts sagen.

Während sie so philosophieren, bricht die Nacht herein. Janiel ist von der Arbeit gekommen. Michał Janiel, Eisenbahnarbeiter und Bauer. Zwei Hektar saurer Boden. Eine vierköpfige Kinderschar. Janiel arbeitet bei den Gleisen. Er zerschlägt mit dem Hammer Steine, damit der Untergrund hält: Die Bahn soll über ebene Schienen jagen. Wegen seiner Spezialisierung wird Janiel eines Tages sogar nach Warschau geschickt. Die Arbeiter in Warschau weigern sich, diese Arbeit für einen so geringen Lohn zu machen. Also führt die Direktion Leute wie Janiel 200 Kilometer und noch weiter durch die Gegend. Janiel hat nichts dagegen. Wie viel er verdient? 867 Złoty, erzählt er. Er nennt die präzise Summe, damit man sieht, dass er achthundert bekommt und dann noch sechzig und schließlich sogar noch sieben. Und obwohl er alles bis auf den letzten Groschen aufzählt, damit der Lohn nach mehr aussieht, wirkt es doch ziemlich bescheiden. Janiel zählt und zählt. Janiels Kopf steckt voller Zahlen. Das kostet so viel, das so viel. Über große Dinge kann man mit Janiel nicht reden. Janiel weiß nicht, dass Hegel die Welt einen Ladenhüter genannt hat. Aber Hegel war ja auch ein Idealist. Seine Philosophie stand auf dem Kopf. Vielleicht würde Janiel Marx verstehen. Marx hat viel gerechnet und den Arbeitern befohlen, Mathematik zu lernen: Janiel, Łukasz, der Dorfschulze Lasota, der Schnauzbärtige und der Schartige, alle rechnen. Im Dorf wird jetzt allgemein viel gerechnet, kalkuliert und gedacht. Wir haben hier solche und solche Wiesen, wenn wir das Wasser in die Narwa ableiteten, bekämen wir Weideland für tausend Kühe. Damit könnten wir das ganze Umland ernähren.

Der Bauer sagt: das Dorf. Aber er sagt auch: das Umland. Cisówka hat sich aus den Sümpfen gebuddelt. Bis zur befestigten Straße waren es früher 25 Kilometer. Bis zur Bahn 20. Es gab hier eine Eisenbahnstrecke, die war am einen Ende tot, am anderen Ende gab es einen Anschluss nach Hajnówka. Die Gleise wurden nie benutzt. Die Bauern gingen die Gleise entlang, doch die Miliz kassierte Strafmandate dafür. Das erzürnte die Bauern. Sie gingen zu Fuß, und trotzdem sollten sie bezahlen. Sie zogen aufs Amt, eine Delegation fuhr zum Verkehrsministerium. Und das Ministerium traf folgende Entscheidung: Ihr bekommt die Eisenbahn, wenn ihr eine Bahnstation baut. Die Bauern spannten die Pferde ein und brachten Erde, das ergab einen Perron. Die Eröffnung der Station war im Dezember 1959. Es gibt nicht viele solche Stationen. Gleich neben dem Gleis beginnt der herrlichste Hochwald. Auf der Spitze der Aufschüttung, in der Mitte des Perrons, wurde ein Mast eingegraben, am Mast hängt eine Petroleumlampe.

Die Leute kommen zusammen, sitzen im Wald, warten auf den Zug. Die Weiber tratschen, die Männer rauchen. Und kaum hat man sich's versehen, kommt ein silberner Pfeil angejagt. Die Leute aus Cisówka fahren mit dem besten Zug, einem modernen Diesel-Lux-Torpedo. Der Torpedo bleibt stehen, die Leute rufen, steigen ein, der Torpedo fährt los. Auch ich sitze im Torpedo. Viel Platz. Komfortabel. Zwei Frauen sitzen mir gegenüber und plaudern. Eine hat acht leere Körbe dabei. In diesen Körben hatte sie Gemüse zum Verkauf. »Was plagen Sie sich so ab«, sagt die zweite, »ist es Ihnen nicht um Ihre Gesundheit leid?« – »Meine Liebe, ich kann nicht anders. Der Mann verdient 1200, und ich habe drei Söhne, die in Warschau studieren. Einer an der Fachhochschule, einer Recht und der dritte Ökonomie. Wissen Sie, solange man gesund ist, gibt man für die Kinder alles. Ja, ja, liebe Frau. Sehen Sie, so ist das.«

Auch ich sehe es. Der Pfeil jagt dahin, die Frauen tratschen, aus einem Korb guckt ein Huhn mit einem blinden Auge. Und was für ein herrlicher Wald! Ein grüner Schatten, feuchter Duft. Wo bist du, großer und stolzer Baum? Weitverzweigter. Der Zug fährt, tok-tok, der Zug kommt von weit her, die Sonne scheint.

Schön ist es.

Gerettet auf dem Floß

»Was für ein Ziel!«, rief der Assistent aus. »Ein wahres Märchen!«

»Und du wirst Zeus zu Gesicht bekommen, den seltsamen Gott«, fügte der zweite Assistent hinzu.

Eine Reportage über Gott! Das reizte mich.

Wenn sie ein paar Groschen in der Tasche haben, eilen sie jeden Samstag diesem Ziel entgegen. Ihre Pilgerfahrten beginnen schon im Mai. Es ist noch ein wenig kühl, aber das macht nichts: Kälte, dafür keine Menschen! Sie beenden mittags ihre Vorlesungen an der Universität, schnappen ihre Taschen, springen in die Trambahn zum Bahnhof, und schon sitzen sie im Zug. Die Strecke nach Działdowo, Umsteigen nach Brodnica. Manchmal führt die Straße an der Bahnlinie entlang. Über die Straße wälzen sich Autos, Motorräder, Roller. Die beiden beobachten das und fühlen sich dabei natürlich ein wenig seltsam. Sie unterrichten Literatur, ein ehrlicher Beruf, doch reich wird man davon nicht.

Der Waggon schaukelt, sie lesen Bücher.

Von der Station Tama Brodzka wandern sie durch den Wald bis Stanica Wodna. Das kleine Nest, auf der flachen Kuppe des Hügels gelegen, heißt Bachotek. Die Assistenten recken sich und machen Kniebeugen, dann bleiben sie plötzlich ruhig stehen. »Tönt es?« fragt einer. Sie lauschen. »Es tönt!« flüstert der Zweite. »Was tönt?« frage ich. (Ich sehe gleich, dass das ein Fehler war.) Sie sind empört: »Die Stille, guter Mann, die Stille tönt!«

Sie machen sich ans Essen. In der Gastwirtschaft bekommt man ein Mittagsmenü. Das lehnen sie ab. Feierlich klappen sie den Kocher auf und bereiten Ochsenschwanzsuppe aus der Tüte zu. Das Wasser siedet, es spritzt ins Feuer, verbrennt ihnen die Hände. Sie essen mit einem Löffel, abwechselnd. Sie waren hungrig, und jetzt reden sie sich ein, sie seien noch nie so satt gewesen.

Schon gleiten sie mit dem Kajak über den See. Ich kann sie nur mit Mühe einholen. Sie sehen einen Schwan. Ein Streit bricht aus, ob ein Schwan hoch fliegen kann oder nicht. Klar kann er hoch fliegen! Philister, du irrst dich! Sie zanken sich, suchen nach Beweisen in der Literatur. Wer könnte darüber geschrieben haben? Żeromski, Konopnicka? Lass mich zufrieden mit deiner Konopnicka, das ist keine große Dichtung! Der erschreckte Vogel fliegt auf und landet im Schilf. Sie schließen einen Kompromiss: Gut, wir werden in der Enzyklopädie nachsehen.

In der Ferne stakt ein Reiher. Sie paddeln schneller, jagen auf ihn zu. Gleich werden sie ihn aus der Nähe sehen. Doch der Vogel hört das Geräusch und fliegt davon. Enttäuscht machen sie sich Vorwürfe: Wir waren zu langsam. Zur Rechtfertigung zeigen sie einander ihre Hände – die sind voller Blasen.

Sie legen die Paddel weg. »Das Wasser wird uns treiben«, sagt einer. »Wieso? Hier gibt es keine Strömung«, widerspricht der andere. Das Kajak treibt ein paar Meter. Sie schauen auf die Uhr, um die Geschwindigkeit zu berechnen, mit der die Wellen sie fortbewegen.

In großer Entfernung sieht man auf dem Wasser eine Gestalt. »Das ist er!«, ruft der eine Assistent. (Sie sind Studierte, aber Augen haben sie, wird später der Gerettete sagen.) »Ich glaube nicht, dass er das ist«, äußert der Kollege Zweifel. »Aber natürlich, hier gibt es sonst niemand außer ihm«, beharrt der erste. »Erinnere dich doch, er strengte sich immer an, der hier aber strengt sich nicht an, es sieht aus, als spaziere er übers Wasser«, argumentiert sein Gegner. Sie diskutieren weiter, die Unsicherheit quält sie.

Sie paddeln darauf zu, die Gestalt wird größer, nimmt Form an. Meine Freunde triumphieren. Natürlich ist er das. Mit der Stange auf den Seegrund stoßend, lenkt der einsame Flößer sein Floß über den See.

»Guten Tag, Herr Jagielski!«, sagen sie.

Der Flößer schaut in unsere Richtung, seine Augen blitzen.

»Einen guten Tag«, antwortet er.

»Können wir mitfahren? Wird das nicht zu schwer sein?«

»Was soll da schwer sein. Was wiegt das schon.«

Das (es handelt sich um uns drei) wiegt nicht einmal zweihundert Kilo. Wir balancieren daher ohne Skrupel über die Stämme zu Jagielski. Die Assistenten drücken dem Flößer die Hand. (Unglaublich – wird mir später einer von ihnen sagen – ich meinte, er müsse schwere, knotige Hände haben, hart wie Schuhsohlen. Doch er hat eine weiche, zarte Haut, fast wie ein Baby.)

Józef Jagielski mustert uns, und wir mustern ihn. Er ist klein, mit zarten Knochen und kaum Muskeln. Ein schmales Gesicht mit spärlichem, ausgeblichenem Bartwuchs, versteckt unter dem großen Schirm der Mütze. Er sieht aus wie knapp über dreißig, ist aber erst 25. Er hat schon das Militär hinter sich, doch er will sich noch keine Frau nehmen (wozu die Eile, Herrschaften?). Das Militär ist wichtig in seinem Leben, denn damals fuhr er mit der Eisenbahn. Zwar nicht sehr weit, aber immerhin. Jetzt hat er keine Gelegenheit mehr dazu.

»Waren Sie schon einmal in der Stadt?«, fragt ihn einer der Assistenten.

»Na sicher, Herrschaften, natürlich. Ich war in Brodnica, in Jabłonów, auch in Toruń.«

»Und am Meer waren Sie auch?«

»Nein. Am Meer? Das ist zu weit weg ...«

Ich schaue mich auf dem Floß um. Es ist riesig. Kiefernstämme, zu zwölft zusammengebunden, bilden den einen Teil. Mit Draht sind noch andere Teile angehängt. Insgesamt über zwanzig. Das Floß ist über 200 Meter lang. Es wird in den Wäldern von Iława zusammengesetzt und von dort über Seen und Kanäle bis zur Drwęca geflößt. Das Holz schwimmt zum Sägewerk. Es schwimmt ungefähr 120 Kilometer dahin und wird dabei nacheinander von mehreren Flößern gelenkt. Jagielski ist einer von ihnen, er hat seinen eigenen Abschnitt. Er bringt das Floß über den See, damit ist seine Arbeit beendet. Ein Floß verschafft also mehreren Menschen Arbeit. Der gesamte Gewinn, alles zusammen, ist Gegenstand von Jagielskis Träumen.

»Wovon träumen Sie?«, sondiert einer der Assistenten.

»Ach, was soll's ...«, sagt der Flößer ausweichend.

»Nur zu«, drängt der Assistent.

»Ich hätte gern das ganze Geld, das in einem Monat an alle Flößer ausbezahlt wird.«

»Wie viel wäre das?«

»Das getraue ich mich gar nicht zu sagen.«

»Haben Sie keine Scheu.«

Jagielski richtet sich auf und nimmt die Mütze ab.

»Rund dreitausend. Vielleicht sogar vier.«

Er macht sich eifrig an die Arbeit, um sich nicht in Träumen zu verlieren. Er verdient monatlich 800 bis 900 Złoty. Er wird nach folgendem Satz bezahlt: für einen Festmeter Holz, den er über einen Kilometer transportiert, bekommt er 22 Groszy. So viel kostet eine Zigarette der Marke »Giewonty«. Er ist ein Arbeiter, doch er schafft wie ein Bauer auf dem Feld. Er wohnt im Dorf, beim Bruder, dem gibt er seinen Lohn für Essen und einen Winkel in der Hütte. Er steht mit den Hühnern auf, isst eine Kartoffelsuppe, gießt Tee in eine Flasche und fährt mit dem Fahrrad zu der Stelle, wo das Floß wartet. Er schlägt eine junge Fichte, entrindet den Stamm, glättet ihn und hat so eine Stange, sein Arbeitswerkzeug.

Er steht auf dem Floß.

»Der Rest, Herrschaften, liegt in Gottes Hand.«

Wenn er Gegenwind hat, kommt er keinen Meter weiter.

Wenn der Wind von links kommt – treibt es das Floß zum Ufer und es verfängt sich im Schilf.

Der Wind von rechts zieht das Floß auf den See hinaus, wo das Wasser so tief ist, dass er sich mit der Stange nicht mehr abstoßen kann. Dann kann er nur noch warten, dass er erlöst wird.

Wenn kein Wind weht, muss er die Holzmasse mit der Kraft seiner Arme bewegen.

Das ist eine schreckliche Plackerei.

Guten Wind hat er selten, meist ist der Wind sein Gegner. Wie weit kommt er bis zum Abend? Wenn alles gutgeht, sechs Kilometer (es waren aber auch schon acht, sagt er stolz). Er muss weit genug vom Ufer entfernt sein, um nicht hängenzubleiben, und nahe genug, um Boden zu haben.

Die Assistenten sind begeistert, dass auch Jagielski manchmal keinen Boden spürt. Sie spüren schon lang keinen Boden mehr unter sich. Die Welt erlebt eine Krise der Werte, sagen sie, die traditionellen Institutionen gelten nichts mehr, die Moral hat ihren Sinn verloren, anerkannte Wahrheiten werden in Frage gestellt. Nicht einmal den Fakten, die sie unterrichten, vertrauen sie mehr. Kam es nicht auch in früheren Jahrhunderten vor, dass Texte gefälscht wurden? Der Mensch lässt sich von den Umständen treiben, so wie das Floß. Der Mensch hat die Bodenhaftung verloren. Einer der Assistenten balanciert gefährlich auf einem Stamm und beschwört das Beispiel Pascals. (Ich fand das Zitat: »Der Mensch weiß nicht, welchen Platz er einnehmen soll, er hat sich offensichtlich verirrt und ist von seinem wahren Ort herabgesunken, ohne ihn wieder finden zu können. Ruhelos und ohne Erfolg sucht er ihn überall in einer unergründlichen Finsternis.«) Wenn sie sich mit Jagielski unterhalten, ist das Phänomen des Bodenverlustes nicht abstrakt, sondern konkret. Der Flößer durchdringt das Wasser, er stößt die Stange bis zum Handgriff hinein: Er spürt keinen Grund. Sie warten gespannt, was er machen wird.

Jagielski legt die Stange weg.

Er setzt sich und streckt die Beine aus.

»Wir müssen warten«, verkündet er.

Dieser Satz erscheint ihnen genial. »Ein Philosoph«, sagt einer. »Ein echter Philosoph«, bestätigt der andere. »Er wird nicht hysterisch, ist nicht niedergeschlagen, zappelt nicht herum, wird nicht bitter. Obwohl jede Widrigkeit der Natur seinen Verdienst schmälert, bewahrt der Flößer Ruhe. Er wartet, bis er wieder Boden spürt. Einmal verschwindet der Boden, dann ist er wieder da. Ohne Boden geht es nicht!

Ob er seine Arbeit liebt? Natürlich. Früher einmal war er im Sägewerk beschäftigt, aber das war nichts für ihn. Zu viele Chefs. Hier ist Jagielski sein eigener Herr. Er kann am Tag fahren oder bei Nacht, wie er will. Am Tag ist es gut und in der Nacht angenehm. (»Wenn es dunkel wird, ist es so still, dass es einem alles zusammenpresst.«)

Nur schlechtes Wetter darf es nicht geben. Sonst muss er schuften, bis es ihm schwarz wird vor Augen. Manchmal wirft er sich einfach auf die Stämme, das Wasser spült über ihn hinweg, alles ist ihm egal. In solchen Momenten kümmert ihn nichts mehr, sagt er. Am letzten Silvester drückte er so fest gegen die Stange, dass er das Gleichgewicht verlor und ins Wasser stürzte. Er kämpfte sich aus einem Eisloch und marschierte pudelnass in der eisigen Nacht nach Hause, zehn Kilometer. (»So hab ich das Neue Jahr begrüßt: in tropfnassen Unterhosen.«)

»Das heißt, Sie besuchten kein Silvestervergnügen?« fragen die Assistenten. Sie wollen vom Flößer wissen, ob er mit Kultur in Berührung kommt. Eigentlich nicht. Im Theater war er noch nie, im Kino vor einem Jahr, Fernsehen hat er nicht gesehen, Radio hört er nicht, er hat keine Gelegenheit, Bücher zu lesen, in Zeitungen schaut er nicht.

Und mit Menschen redet er wenig.

Die Große Welt findet also keinen Zugang zu Jagielski. Mit keinen Nachrichten. Mit keinen Hoffnungen, keinen Beunruhigungen. Keinen Sensationen, keiner Langeweile. Niemals, mit nichts. Der Flößer weiß nichts von Erdbeben, von Palastrevolten, vom Schicksal der U-2, vom Fiasko der Pariser Konferenz, von der Olympiade in Rom. Er wundert sich nicht einmal, wenn er die Informationen der Assistenten hört.

»Tja, Herrschaften, schon möglich, dass das alles so ist.«

Er fragt nach keinen Details, bittet nicht um mehr Informationen. Er packt die Stange, weil er wieder Boden ahnt.

Die Assistenten sind begeistert: Siehst du, er lässt sich nicht hineinziehen! Unsere Welt ist für ihn eine Untiefe, die es zu meiden gilt. Die er unbewusst, aber effektvoll meidet. Vielleicht sagt ihm sein Instinkt, dass er sich, wenn er einmal in diesem Sand feststeckt, nie mehr daraus befreien kann. Es ist fatal, dass der Mensch immer wieder in Untiefen strandet. Was das Haus, die Arbeit, die Gewohnheiten angeht. Ein blinder, tauber Punkt. Und es kommt kein Wind auf, der ihn in die Strömung hinaustriebe. Und wenn plötzlich ein Wind weht, legt er sich auf den Bauch, aus Angst, abgetrieben zu werden. Aber sieh dir Jagielski an: Er wartet auf die Winde und die Strömungen. Er lebt mit ihnen und von ihnen.

Er lässt sich nicht hineinziehen, wiederholen sie neidisch. Er ist unabhängig. Dieser Flößer ist unabhängig. Daher nennen sie ihn Zeus. Dass er ein geflicktes Hemd und löchrige Gummistiefel trägt, tut nichts zur Sache! Sie verneigen sich tief vor ihm, drücken seine Hand, wiederholen seine Äußerungen wie Aphorismen.

»Herr Jagielski, wird es schönes Wetter geben?«, fragen sie.

Der Flößer schaut in den Himmel (er liest den Himmel, sagen sie), dann taucht er die Stange so kräftig ein, dass sie sich zu einem Bogen krümmt, und sagt:

»Wolken gibt es, aber vielleicht vergehen sie.«

»Ein Optimist!«, sagen die Assistenten bewundernd.

Piątek bei Grunwald

Auf dem Feld zwischen den Deutschen und dem königlichen Heer standen in Richtung Tannenberg ein paar uralte Eichen, auf die kletterten örtliche Bauern, um die Lager dieser Truppen zu schauen, so riesig, wie die Welt sie seit undenklichen Zeiten nicht gesehen hat.

Henryk Sienkiewicz (*Die Kreuzritter*)

Piątek kam nicht auf dem Pferderücken und nicht zu Fuß nach Grunwald, sondern mit dem Wagen. Seltsam sah dieser Zug aus, denn Piątek fuhr nicht allein oder mit einer Gruppe, sondern führte auf dem festgetretenen Heu seine Frau und die vier Kinder, und dazu ein Bündel mit den Federbetten und der nötigsten Gerätschaft mit. Das Pferd zockelte vor sich hin, daher schlug er es mit der Peitsche, bis die erschrockenen Fliegen vom schweißbedeckten Hinterteil rutschten. Dabei fluchte er zum Gotterbarmen.

Eine Schlacht fand er nicht vor.

Natürlich brannte es in der Gegend noch hier und da, war es schwarz von den vielen Brandstätten, roch es nach abgestandenem Verbranntem, und die Wege waren voll von allerlei Kriegsgerümpel, doch der Waffenlärm war schon verklungen und verstummt, und stattdessen hörte man die Lerchen dankbar trillern, und in den Seen plätscherte das Wasser gar nicht aufrührerisch vor sich hin.

Es erschien ihm schön hier, er hielt das Pferd an, stieg vom Bock, hob eine Handvoll Erde auf, wog sie lange und roch an ihr.

»Der Boden hat mir gleich gefallen«, sagt Piątek, während wir über das letzte Jahr des schweren Krieges und den plötzlich darauf folgenden Frieden reden.

»Der Boden hat mich nicht enttäuscht. Sehen Sie nur, wie schön der Roggen steht. Schwere Ähren.«

Das Getreidefeld erstreckt sich etwa einen Kilometer, es fließt breit dahin, fast bis zum Grab von Ulrich von Jungingen. Am Rand des Feldes liegt eine ausgebreitete Pferdedecke, und auf der Decke sitzen Piątek und ich. Einmal hat Piątek im Winter Holz für die Scheune abgeladen, und ein Stamm zerschmetterte ihm Hüfte und Schenkel. Die Knochen sind zusammengewachsen, aber Piątek kann seither nicht richtig gehen: es fehlt ihm die Kraft dafür, das Bein zu bewegen. So schnitzte er sich aus Eichenholz Krücken, auf die er sich stützt. Wenn schönes Wetter herrscht, hält er seinen Rücken in die Sonne, weil er hofft, dass ihm die warmen Strahlen die Schwäche aus dem Hintern ziehen. Jetzt ist der Himmel klar, weshalb Piątek seinen Körper wärmt und sich über sein Nichtstun ärgert, wo es auf dem Feld doch so viel Arbeit gäbe.

Seit er körperlich so nachgelassen hat, ist seine Wirtschaft heruntergekommen, dabei war er früher einmal ein Vorzeigebauer, ein echter Herr auf dem Schlachtfeld von Grunwald. Er war gleich nach dem Krieg hierhergezogen und hatte Haus und Grund zugeteilt bekommen. Er war aus der Armut des Kreises Mława hierhergekommen, in der Hoffnung, sich hier verbessern zu können. Dort, in Niedziałki bei Mława, hatte er es zu nichts gebracht. Vor dem Krieg war es ihm noch gelungen, Holz und Ziegel für eine Hütte zusammenzutragen, doch errichten konnte er sie nicht mehr, weil ihm die Deutschen das Baumaterial wegnahmen. Piątek kämpfte gegen die Okkupanten nicht mit der Waffe, sondern wirtschaftlich, mit Steinen. Sie befahlen ihm, Steine zu transportieren, dreißig Kilometer weit, einen ganzen Wagen voll. Piątek legte Säcke voll Stroh auf den Wagen, gab ein paar Steine oben drauf und fuhr los. So brauchte er das Pferd nicht anzustrengen, und außerdem rächte er sich auf seine Weise an den Deutschen.

In Grunwald tat er sich rasch hervor. Er verstand es, zu wirtschaften, er liebte die Arbeit, und in den Versammlungen lobte er sich geschickt selber. Er wurde zum Dorfvorsteher ernannt. Seine Pflichten erfüllte er. Mit der Zeit mehrten sich die Kinder, er gab also das Amt ab und widmete sich nur noch dem Heim. Er kaufte Kühe dazu, baute den Stall aus.

Ich höre mir seinen Bericht an. Ich sehe mich um: eine weite Ebene, Baumgruppen, Kartoffelfelder.

»Hier gab es eine große Schlacht«, setze ich an.

»Aber nein«, sagt er, »die Front ging hier rasch durch.«

Ich stelle fest, dass wir von verschiedenen Kriegen sprechen. Ich versuche ihn in den Strudel des feudalen Krieges zu ziehen, und er hält an den Bildern des letzten, des Weltkrieges fest. Ich habe Sienkiewicz gelesen, Matejko gesehen, Kuczyński studiert. Hier marschierte die Armee der Kreuzritter auf (ich deute hin), dort der litauische Großfürst Jagiełło (ich deute hin), hier stand der litauische Flügel (ich deute hin).

Piątek folgt meiner Hand mit seinem Blick, er schaut sich um, dann stöhnt er, die Narben schmerzen ihn. Es war ein schrecklicher Ansturm der Ritterschaft, sage ich. Ein Ereignis von Weltbedeutung! Ich schaue, ob Piątek meinen Enthusiasmus teilt. Aber nein. Die Augen des Bauern leuchten nicht. Sie wirken eher besorgt. Schüchtern und stockend fragt er:

»Werden sie mir auch nicht das Getreide zertrampeln?«

»Wie?«

»So. Wenn hier aus ganz Polen die Massen zusammenströmen.«

Wir sitzen auf der Kuppe eines Hügels. Über den Hügelkamm verläuft die Straße. Auf dieser rollen Kolonnen von Lastwagen. Lachen, Gesang, Stimmengewirr. Der Lärm erfüllt die Luft mit sorgloser Unruhe. Rufe fliegen hin und her, Schreie verweben sich. Die Autos biegen in einen Waldweg ein. Auf einer Wiese werden Zelte aufgestellt, Feldküchen dampfen. Aus den Lastwagen ergießen sich Scharen von Menschen, sie stellen sich in Gruppen auf – die einen fürs Konzert, die anderen für die Lesung, noch andere für das Treffen. Das kann Piątek nicht mehr sehen, weil er sich auf seinen Krücken nicht dorthin schleppen kann, aber er weiß, dass es in Grunwald ein Jugendtreffen gibt und dass hier riesige Menschenmengen aus dem ganzen Land zusammenströmen. Es gefällt ihm sogar, dass sein Grund und Boden so wichtig ist. Dass er solche Bedeutung gewinnt. Doch er sorgt sich, die vielen tausend Füße könnten ihm die Frucht zertreten, die so vielversprechend wächst.

»Ich dachte schon daran, das Feld einzuzäunen, aber das schaffe ich nicht.«

»Das würde wohl nichts nützen.«

»Sie sagen etwas von Fallschirmspringern. Und bei Fallschirmspringern hilft auch eine Einzäunung nichts.«

Wir überlegen, was zu tun sei. Piątek versichert mir: »Dieses Feld gehört mir, mein Herr, ich habe dafür die nötigen Papiere. Die Verleihungsurkunde und die Quittung für die Abgaben. Alle Abgaben sind bezahlt. Die Kontingente termingerecht abgeliefert. Alles in Ordnung.« – Ich glaube ihm ja, sage ich. »Der Boden ist Ihr Eigentum.« – Er freut sich, einen Verbündeten gefunden zu haben. Vielleicht fällt uns gemeinsam etwas ein?

»Sie werden nur kurz hier sein und wieder wegfahren. Ich aber, mein Herr, bleibe hier.«

Piątek will nicht weg von Grunwald. Hier konnte er seine Existenz verbessern, hier besitzt er ein paar Hektar und einen Stall. Die Kinder schickt er in die Schule, der Frau kaufte er eine Waschmaschine. Wenn er mehr Phantasie hätte, könnte er sagen:

»Um dieses Stück Land hat der König selber für mich gekämpft!«

Doch Piątek befasst sich nicht mit Geschichte. Ihm geht es nur um den Boden. Über diesen Boden wälzen sich seit Jahrhunderten Kriege. Der Boden erzittert von den Hufschlägen, knirscht unter den Ketten der Panzer, krümmt sich unter den Einschlägen der Bomben. Und dennoch gebiert er, lässt die Ähren wachsen, bringt Früchte hervor. Die Kriege ziehen vorbei, doch in der Erde kreisen ständig die Säfte. Die Erde nimmt den warmen Regen auf und den stinkenden Dünger, das Phosphatpulver und das gerinnende Blut. Sie nimmt alles auf, doch sie gibt es immer nur in einer

Form wieder, als Feldfrucht. Angesichts dieses Prozesses ständiger Veränderung und Gedeihens, der Piątek das Leben ermöglicht, ist es nicht wichtig, wo Schlachten toben – wann und welche. Der Boden bringt trotzdem Früchte hervor. Und Piątek wird sie ernten.

Zahnpastareklame

Das Saxophon winselte herzzerreißend, und Marian Jesion rief: »Also los, Burschen!« Auf dem Waldweg stieß Großmutter Jesionowa in der unermesslichen Finsternis einen zittrigen Seufzer aus: »Mein Gott.« Die drei Stimmen, die gleichzeitig erklangen, obwohl sie nicht dasselbe ausdrückten, legten sich schwer wie ein Stein auf das Dorf Pratki im Kreis Ełk.

Wie mir die Mädchen aus Pratki erzählten, war es eine schöne Feier. Das Orchester kam direkt aus Olsztyń. Und mit dem Orchester kamen zwei Leute: ein phantastischer Typ, der Zaubernummern vorführte, und eine modisch toupierte Sängerin, die nur ein wenig zu knochig erschien. Die Remise war aufgeräumt, alle Fenster waren geputzt. Die Lichteffekte waren besonders gelungen: Durch raschelndes Krepppapier fiel rotes und blaues Licht in den Saal. An der Wand rechts vom Eingang gab es mehr Blau, während links grelles Rot prangte. Die Mädchen standen auf der blauen Seite, die Burschen auf der roten. Der bunte Raum der Remise mit der Brosche des Orchesters in der Mitte trennte sie, aber natürlich konnten sie einander gut sehen. Im Dorf gibt es fünfzehn Mädchen und vier Burschen. Die Mädchen schauten nun hin zu den Burschen, die steif im sonntäglichen Schwarz ihrer Anzüge dastanden, künstliche Gebilde an einem Gummizug um den Hals, mit Brillantine gesalbte große Herren, gehüllt in Wolken von Kölnischwasser der Marke »Derby« (Lechia, Poznań). Die Burschen blickten aufmerksam zu den Mädchen, sie bewerteten die Qualität ihrer Stöckelschuhe, ihrer Nylonkleider und ihres tschechischen Schmucks, und im Kopf wälzten sie die hinlänglich bekannten Pläne, deren Ausführung sie auf später verschoben.

Die Mädchen berichteten mir, der Saxophonist aus der Wojewodschafts-Hauptstadt Olsztyń habe zu Beginn den Schlager der Saison »24 000 Küsse« gespielt. Als Marian Jesion ihn hörte, rief er: »Also los, Burschen.«

Doch keiner rührte sich.

Eine gespannte Stille trat ein.

Auf der linken Seite der Remise glühten dunkelrot die vier Burschen, während auf der rechten Seite die fünfzehn Mädchen vor sich hin blauten. Man kann sich gut vorstellen, weshalb die gespannte Stille entstand, in die der Wojewodschafts-Saxophonist so herzzerreißend wimmerte. Sie war eine Folge der Arithmetik. 15:4 gilt beim Handball als gutes Resultat, doch bei so einer glanzvollen Veranstaltung (das Orchester aus Olsztyń, die Effekte überaus gelungen) ergibt das eine fatale Disproportion.

Die Stille ging von den Roten aus, die konzentriert ihre Wahl trafen, und wurde von den Blauen zurückgeworfen, deren Hoffnungen stumm waren wie das Schweigen der Sterne. Alle wussten, wie viel im Dorf abhängen würde von dem, was im nächsten Moment geschah, daher ermunterte niemand zu weiteren leichtsinnigen Eskapaden. Endlich schritten die vier von links auf die andere Seite und sprachen zu vier von den Blauen die traditionelle Formel:

»Woll'mer tanzen, oder nein?«

Das Wort »nein« hatte hier einen rein rhetorischen Charakter und diente bloß dazu, dem Satz eine flüssige, an Sienkiewicz erinnernde Kadenz zu verleihen. Hätte eines der Mädchen »nein« gesagt, hätte es sein restliches Leben in einem zweideutigen jungfräulichen Zustand verbringen müssen. Daher antworteten die vier von der blauen Seite: »Aber sicher!«, worauf die Paare in die Mitte traten. Der Wojewodschafts-Saxophonist erweiterte mit den goldenen Klappen seines Instruments dessen Blasvolumen, und Marian Jesion rief laut etwas. Der Mensch und das Instrument mussten so laut sein, um das zitternde Murmeln von Großmutter Jesionowa zu übertönen, die in der unermesslichen Finsternis auf dem Weg stehen geblieben war und fragte: »Mein Gott, warum hat er mir das angetan?«

Die vier Paare vollführten die ersten Drehungen. Sie waren präzis kalkuliert, euklidisch und formalistisch, wie die ewigen Bewegungen der Planeten oder die Umlaufbahnen der Sputniks um die Erde. Die auf der blauen Seite der Remise Zurückgebliebenen schauten mit einer Mischung von Eifersucht und Kritiklust zu. Einige wiegten sich in der Hoffnung, es kämen noch Soldaten. Die brachte meist Kazik mit, ein schlanker brünetter und kultivierter Korporal. Kazik liest viele Bücher und hat siebenhundert Filme gesehen. Jeden Film trägt er in sein Notizbuch ein, und jedes Vierteljahr zählt er sie. Bis zum Ende seiner Dienstzeit wird er wohl auf achthundert Filme kommen. Aber mit der Treue hat er nicht viel am Hut, denn er sagt jedem Mädchen dasselbe. »Und was sagt er?«, frage ich. Sie lachen, schließlich wiederholt es eine von ihnen. »Er sagt: Mädchen, ich schlürfe Wonne aus jeder Zelle deines Körpers.« – Kazik stammt aus Warschau, darum ist er so intelligent. Die Soldaten sind gefährlich, denn sie sind Hitzköpfe. Sie bekommen Ausgang bis 10 Uhr abends und wollen alles rechtzeitig erledigt haben. Sie akzeptieren kein Bedenken, sie geben die Geschwindigkeit vor. In diesem Eiltempo kann sich ein Mädchen leicht vergessen, und dann bleibt ihm nur mehr der Tod. »Warum der Tod?«, frage ich. »So ist es. Was bleibt ihr sonst übrig? Sie kann sich nur umbringen. Die Burschen aus Pratki sind in der Hinsicht schon besser, obwohl auch die recht zappelig sind.«

Das Saxophon gluckste die letzten Töne des Schlagers, und die Paare unterbrachen ihre geometrischen Bewegungen. Die vier von der roten Wand traten vor die Remise, wo hinter einem Wacholderbusch eine offene Flasche stand. Also tranken sie daraus. Die Mädels sagten mir, das sei der Brauch und das sei gut so, denn dann bewegten sie sich flotter. Wenn sie zu viel erwischen, ist das schlecht, aber ein wenig ist gut. Die Burschen kehrten in die Remise, auf die Tanzfläche zurück, sie hatten Gesichter wie nach einer großen Anstrengung. Im Herzen der Mädchen regte sich neue Hoffnung, stumm wie das Schweigen der Sterne.

Das Wojewodschafts-Orchester kannte die letzte Mode und spielte »Dayana«, wobei der dünne Hals der knochigen Sängerin blutrot anlief. Die nächsten vier wurden von der blauen Wand in die Mitte geführt, wo das Rot, vermischt mit Blau, ein würdevolles Violett ergab. Erneut begannen die Paare konzentriert über den Beton der Remise zu kreisen, im Takt des schwungvoll von der Knochigen gesungenen Liedes.

Nach diesem Stück, so erzählten mir die Mädchen, gerieten die Burschen in Wallung. Was diese plötzliche, blutrünstige Aufwallung ausgelöst hatte, können die Mädchen nicht sagen. Sie denken sich, wenn es auf einem Tanzvergnügen zu einer Prügelei käme, habe diese nie ein bestimmtes Ziel, sondern stets ein fernes, beinahe metaphysisches: Man brauche die Prügelei zur Erinnerung. Denn das Tanzvergnügen selbst versinkt im Vergessen wie ein Stein im See, über dem sich die Wasseroberfläche der Zeit schließt. Das Tanzvergnügen an sich ist hölzern und monoton, weil es zu viel Regeln gibt, die verhindern, dass man sich richtig austobt. Bei der Prügelei gilt das nicht, da kann man sich ordentlich gehenlassen. Eine Prügelei enthält alle Elemente, die das menschliche Gedächtnis lange aufbewahrt: Blut, Schmerz, vom Hass vernebelte Blicke, den quälenden Schauer des Todes. Das Dorf wird immer wieder die Details der Prügelei evozieren und die Teilnehmer nennen.

Beim Walzer, der auf die Prügelei folgte, übernahmen die Paare die vom Kleinkünstler angeordnete Formation. Sie paradierten in der gleichen Schrittfolge am Orchester vorbei, wie sie beim sonntäglichen Spaziergang verpflichtend ist. Die Mädchen sagen, diesen Gang gebe es jeden Sonntag – dann jedoch durchs Dorf. Zuerst erscheint der Bursche beim Mädchen und fragt sie: »Gehst du mit mir?« – Das Mädchen führt ihn darauf zum Vater, der sich mit dem Burschen unterhalten muss. Bei dieser Gelegenheit öffnet der Bursche eine Flasche, denn Reden mit trockener Kehle ist wie ein Flaum im Wind. So legalisieren sie, dass sie miteinander gehen. Sie gehen durchs Dorf, von der ersten bis zur letzten Hausnummer und wieder zurück.

In den Wald darf man nicht gehen, das ist verboten. Manchmal fallen während dieser unfruchtbaren und anstrengenden Tätigkeit ein paar Worte.

»Worüber wird dann geredet?«, frage ich. »Ach, Sachen halt«, antworten sie, woraus ich leider nicht schließen kann, ob die Gespräche interessant oder langweilig sind, weil ich schließlich kein Ägyptologe bin, der aus einer einzigen Hieroglyphe die stürmische Geschichte einer ganzen Dynastie herauslesen kann.

Die Mädchen behaupten, Bekannte aus anderen Dörfern, wo das Verhältnis der Geschlechter nicht ganz so unausgeglichen ist, seien besser dran, weil sie es sich erlauben könnten, Gesichter zu schneiden. Sie können Gesichter schneiden, wenn es darum geht, einen der Burschen auszuwählen. Wenn einer mit dem Vorschlag kommt, es beim Gang durchs Dorf zu begleiten, fragt ihn das Mädchen zunächst einmal: »Willst du in die Stadt, oder bleibst du am Hof?«

Wenn er die Absicht äußert, auf dem Hof zu bleiben, lässt ihn das Mädchen gleich abblitzen: »Auf Wiedersehen.« Mit so einem Burschen kann sie nicht hoffen, je aus dem Dorf herauszukommen. Doch die Mädchen würden alle gern in die Stadt gehen. »Warum?«, frage ich. »Weil es in der Stadt eine Menge Kinos gibt, und die Menschen dort nicht viel arbeiten.« »Dafür ist es in der Stadt gefährlich«, sage ich, »es gibt viele Unfälle.« »Ach was, bei uns gibt es auch Unfälle. Vor kurzem ist eine beim Füttern der Hühner ausgerutscht und hat sich den Arm gebrochen. Das war auch ein Unfall.«

Der Kleinkünstler aus der Wojewodschaft führte seine Nummern vor. Er brachte das Kunststück zuwege, aus der Luft eine Fahne zu zaubern, die er an einen eigens dafür vorbereiteten Baum hängte. Das Orchester spielte die Nationalhymne, die Knochige straffte sich auf der Bühne. Das war das Finale des Walzers, das Ende der planetarischen Umlaufbahnen, Rot und Blau verloren ihre metaphorische Aussagekraft. Das Tor der Remise öffnete sich, und vier eng aneinandergeschmiegte Paare traten in den Tunnel der Nacht. Wenig später folgte ihnen eine Gruppe steifer, schweigender, gekränkter Gestalten. Die elf nicht Auserwählten, zu Einsamkeit, Verlassenheit und zur Nacht Verurteilten. Zu derselben Nacht, in der Großmutter Jesionowa mit letzter Kraft am Rand des Waldweges flüsterte: »Ach Gott, warum er?«

Worauf sie die Besinnung verlor.

Der Wagen der Miliz brachte die Großmutter ins Altersheim in Nowa Wieś bei Ełk. Jetzt sitzt sie auf der Bank und reibt sich die gichtigen Knie: »Nein, meine Herrschaften«, lispelt sie, »er hat mich nicht hinausgeworfen, er sagte nur: ›Oma, du verlässt das Dorf.‹« – Dieser Satz klingt nicht wirklich bedrohlich. Er scheint eher einem Schulbuch entnommen, schildernd, berichtend: Die Großmutter verlässt das Dorf. Warum hat er das zur Großmutter gesagt? Die Großmutter überlegt: »Weil die Stube eng ist, und mein Enkel, meine Herrschaften, Marian Jesion, will Hochzeit feiern. Ihn hat das Bedürfnis gepackt. So hat er zu mir gesagt: ›Großmutter, mich hat das Bedürfnis gepackt.‹«

Aus diesem Grund also begab sich Großmutter Jesionowa an diesem Abend des prächtigen Tanzvergnügens mit den äußerst gelungenen Lichteffekten in den Abgrund der Finsternis und machte sich auf ins Unbekannte, hinaus in die Welt. Die Großmutter trat ins

Dunkel, während ihr Enkel, Marian Jesion, im sonntäglichen Schwarz seines Anzugs, ein mit Brillantine gesalbter großer Herr, gehüllt in eine Wolke von Kölnischwasser der Marke »Derby« (Lechia, Poznań), den wunderbaren und gleichzeitig aufrüttelnden Schlager der Saison »24 000 Küsse« tanzte, herzzerreißend gewimmert vom Wojewodschafts-Saxophonisten.

Und alles hat seine Ordnung.

Marian Jesion kann sein drängendes Bedürfnis stillen, und die Großmutter bekommt ein staatliches Dach überm Kopf und eine staatliche Schüssel voll Erbsensuppe mit Speck. Und Folgendes verändert sich: Weil es nun im Haus Jesion ein Maul weniger zu füttern gibt, reduzieren sich die Ausgaben und der ein Bedürfnis verspürende Marian kann sich eine Plastikkrawatte mit Gummizug leisten. Zweifellos ein Symbol der neuen Zeit, auf die in Pratki alles zusteuert. Meine Mädchen sagen, jetzt kauften die Menschen wahllos alles. Maschinen, Motorräder, Sofas und Uhren. Sie hätten nur Radios, Anzüge, Kristallglas und Waschmaschinen im Sinn. Ganz im Vertrauen sagen mir die Mädchen, manche würden, um bei der allgemeinen Tendenz des materiellen Aufstiegs mithalten zu können, sogar stehlen. So stehlen zum Beispiel die Küchenmädchen in der benachbarten Kolchose Fleisch. Und wie schlau sie dabei vorgehen! Sie tragen den Schopfbraten und das Bauchfleisch in Abfalleimern hinaus. Dann spülen sie das Fleisch am Brunnen, und schon können sie es im Dorf verkaufen. Daher können die schlauen Küchenmädchen es sich auch leisten, an diesem herrlichen Sonntag ihre glockenförmigen Busen in die blauen Schleier teurer Chiffonblusen zu hüllen.

»Wisst ihr, dass Stehlen Sünde ist?«, frage ich. Meine hübschen Mädchen aus Pratki lachen, aber das ist kein herzliches, perlendes, bezauberndes Lachen, sondern die groteske, clowneske Grimasse eines Lachens, bei dem sich die Münder von einem Ohr zum anderen ziehen, wobei die Lippen fest geschlossen bleiben, nur die Gedärme erschüttert ein hysterisches Zittern. Die Mädchen müssen so lachen, weil sie keine Zähne besitzen, das heißt nur mehr ein paar, die vereinzelt im Mund stehen wie morsche Pflöcke in einem verlassenen Durchhieb.

Weil ich schlecht erzogen bin, ein notorischer Lümmel, frage ich meine Mädchen: »Warum, meine Lieben, putzt ihr euch nicht die Zähne?« Aber warum frage ich das? Ganz Pratki putzt nicht die Zähne. In Pratki kauen sie den Schopfbraten mit nackten Gaumen, die Burschen malmen, nachdem sie ein Glas Schnaps gekippt haben, wie Greise ein Stück Salzgurke. Die Burschen von Pratki legen sich Motorräder zu, und die Mädchen kaufen für ihre sauer verdienten Groschen modische Unterröcke aus Organdy, deshalb können sie sich keine Tube Zahnpasta der Marke »Odonto« (Lechia, Poznań) für drei Złoty und fünf Groszy leisten. Ich überlegte schon, eine Werbekampagne zur Verbilligung der Zahnpasta zu starten, um den Preis um jene fünf Groszy zu senken, weil die möglicherweise die Menschen, die sich ganze Kollektionen von Kristallglas zulegen müssen, von einer überflüssigen und unnötig das Budget belastenden Ausgabe abhalten könnten. Ich rechnete damit, scharenweise Verbündete zu sammeln und mit diesem Anliegen ein geneigtes Ohr im Ministerium zu finden. Dann würden leitende Kreise aktiv werden und mittels spezieller Verordnung die Barriere von fünf Groszy ein für alle Mal abschaffen.

Doch dann lenkte ich meine Überlegungen in andere Bahnen. Da sich die Leute hier nicht die Zähne putzen und gar nicht über die Sinnhaftigkeit einer solchen Tätigkeit nachdenken, interessieren sie sich gewiss auch nicht für die 3,05 Złoty für die Zahnpasta »Odonto« (Lechia, Poznań), geschweige denn, dass sie über die auf die runde Summe von drei Złoty aufgeschlagenen fünf Groszy nachdenken. Das hygienische Prinzip wird hier nicht eingehalten, weil noch nie jemand mit den Leuten aus Pratki darüber gesprochen hat, und von selber kommt man im Dorf auch nicht auf die Idee, sich die Zähne zu putzen.

Das ist die ganze Wahrheit.

Die lautet nämlich so, dass die Menschen in Pratki nach den neuesten Schlagern tanzen, sich mit ihren Motorrädern erschlagen, Fernseher, elektrische Nähmaschinen und Gardinen kaufen und gleichzeitig den Schwachkopf aus der Wojewodschafts-Hauptstadt anhimmeln, der seine phantastischen Nummern vorführt, kranke Alte ins Unbekannte hinausjagen, einander blutig prügeln und sich nicht die Zähne putzen.

Während ich darüber nachdachte, begann ich idealistisch zu träumen. Ich träumte davon, dass man im Radio, statt drei Schallplatten mit Tanzmusik zu spielen, eine kompetente Person ein paar Worte über Zähne sagen lassen könnte. Dass man Paste auf die Zahnbürste geben und mit der Bürste im Mund Vorwärts- und Rückwärtsbewegungen vollführen solle und dass man dann den Zahnpastaschaum nicht schlucken, sondern ausspucken müsse. Und dass berechtigte Hoffnung bestehe, den Preis einer Tube auf drei Złoty zu senken. Und ich träumte weiter, dass ein Abgeordneter aus dem Kreisamt bei der nächsten Parteiversammlung nach einer langen Rede über die fürs weitere Aufblühen unseres Vaterlandes wesentlichen Probleme unvermutet und gleichsam nebenbei die Fragen stellen könnte: »Und wie haltet ihr das mit den Zähnen, Genossen? Putzt ihr die oder nicht?«

Man bringt zwar Maschinen und Nylonkrawatten, Chiffonblusen und Schlafsofas nach Pratki, aber offenbar hat es keiner damit eilig, dort ein paar grundlegende Dinge zur Körperhygiene zu verbreiten.

Die Düne

Die Düne hat Trofim entdeckt.

Im neunundfünfziger Jahr fragte ihn eine bedeutende Person aus dem Kreis: »Traut ihr euch zu, etwas zu bewachen?« Trofim überlegte: »Warum nicht?« Darauf sagte der Bedeutende: »Dann kommen Sie«. Man brachte ihn mit dem Wagen dorthin. Er stand im Hof und schaute sich um.

Um ihn herum war eine kaputte Welt.

Unkraut, Maschinen – vom Rost zerfressen, aus den Angeln fallende Türen. Der Himmel ist schön und die Erde so gemein, dachte er wohl, weil das nun einmal seine Philosophie ist. Über einen Pfad ging er zum See, und dabei kam er zur Düne. Der Wind strich über den Sand, der Sand zitterte und sang. Trofim lauschte der Musik.

Wenn Musik durch die Einsamkeit dringt, nimmt sie dem Menschen den Schmerz.

Er rauchte eine Zigarette und dachte sich: Hier werde ich wohl bleiben. Da war ein Pferd, also fütterte er das Pferd. Er machte ein wenig Ordnung, doch viel konnte er nicht tun, weil er einen steifen Arm hat.

Dann schickten sie ihm Rysiek. »Woher kommst du?«, fragte Trofim. »Aus dem Krankenhaus, ich hatte einen Unfall«, sagte Rysiek. »Ein Loch im Kopf, acht Brüche. Es wird mir gleich wieder einfallen, Herr Redakteur, obwohl ich meine Gedanken nicht sammeln kann, weil es in meinem Gehirn knirscht. Ich weiß noch, dass ich eine Frau hatte und ein Motorrad. Was das Trinken angeht: Ich trank viel. Wenn ich mich nicht mehr auf den Beinen halten konnte, schleppte mich die Frau zum Motorrad und sagte: Also, fahr los. Beim Fahren wurde ich immer nüchtern. Aber vom letzten Mal weiß ich nichts mehr. Ich lag zwei Monate lang bewusstlos im Spital«.

Fünfunddreißig Jahre wurden aus seinem Leben gewischt. Wenn Rysiek mit ungefähr sechzig stirbt, tritt er in dem Glauben ab, er verlasse die Welt als fünfundzwanzigjähriger Bursche, dem noch viel offensteht. So ein Abgang ist besonders schwierig, und der Mystiker Trofim meint, das sei die wahre Strafe für Rysieks sündhaftes Leben, denn wenn Gott für einen ein Strafregister anlegt, dann führt er das ganz pedantisch bis zur letzten Position. Seit seinem Unfall hat Rysiek einen Doppelblick. Er sieht alles doppelt. Zwei Gesichter, zwei Frauen, zwei Teller Barszcz. Es ist schön, dass Rysiek zwei Monde sieht, so wie Mickiewicz am Świteź. Er hat ein Talent für Uhren. Die Leute aus der Umgebung bringen ihm alte Exemplare, die Rysiek an den Abenden repariert. So eine alte Uhr liegt regungslos und still vor ihm. Schließlich tickt sie wieder. Vornübergebeugt horcht Rysiek, wie der Strom der Zeit durch den Mechanismus fließt, ähnlich dem unsichtbaren Fluss, der unterirdisch durch die Felsen spült. »Vielleicht warst du früher einmal ein Uhrmacher«, sagt Trofim grübelnd. »Vielleicht«, antwortet Rysiek zögernd, schließlich ist alles unsicher.

Als Dritter kam Sienkiewicz zur Düne. Die Düne liegt am Ende der Welt, und bei der Miliz meinten sie, der Alte werde von dort nicht mehr wegkommen. Sienkiewicz ist schon über siebzig und verdient sich sein Geld mit Betteln. In dem Alten sitzt der habgierige Geist eines Rockefellers, die geizige Seele eines Kapitalisten und Sparfuchses. Und wie hintertrieben er ist! Er hält nichts davon, vor der Kirche zu betteln, sondern er zieht von Dorf zu Dorf und erzählt, sein Haus sei abgebrannt. Das Schreckgespenst einer Feuersbrunst wirkt so anregend auf die menschliche Phantasie, dass Sienkiewicz damit gutes Geld macht. Er wählt die Richtung seiner Wanderung immer so, dass er am Ende in der Hauptstadt der Wojewodschaft ankommt. Dort lässt er sich von der Miliz aufgreifen, die ihn mit ihrem Auto zur Düne zurückbringt. Auf diese Weise spart der Alte Fahrgeld, und seinen gesamten Gewinn zahlt Edek Partyjniak, der Parteiaktivist, für ihn auf ein Sparbuch ein. Ich bat Sienkiewicz, mir das Büchlein zu zeigen. Er hat insgesamt 9365 Złoty und 15 Groszy auf dem Konto.

»Er ist so gierig«, sagt Trofim, »der würde gern noch einmal das Leben genießen.«

Das Leben hat sie niedergedrückt. Die Welt erschien wertlos, vor dem Fenster wucherten nur Disteln. Auf der Düne sang der Sand. Die Schwester der Düne ist die Sahara, und ihre zweite Schwester ist die Wüste Gobi. Es gibt keinen, der von der Sahara bis zu Trofims Düne wandern könnte. Das ist ein Beweis für die Größe der Welt. Irgendwo auf dieser Erde gibt es Tulpenfelder; den Menschen wurde die Liebe geschenkt. Doch Trofim kennt keine Liebe, und Opa Sienkiewicz auch nicht. Vielleicht kennt Rysiek sie, doch er sieht nur das Halbdunkel vor sich. Im Halbdunkel steht eine Frau, doch das ist nicht dasselbe.

Im Frühjahr entzündete Rysiek ein Feuer. Zwei Leute kamen zu ihm. Der eine war Edek Partyjniak und der zweite Lipko Dorozkarz, der Kutscher. Jetzt waren sie fünf, und zu fünft blieben sie.

Gesindel, fluchte Edek und flickte das löchrige Dach. Gesindel, fluchte Lipko und zimmerte Tröge zusammen. Der Traktor pflügte das Feld, Rysiek reparierte die Maschinen. Die Welt drehte sich in Richtung Tag und in Richtung Nacht, doch für die fünf in ihrer Plackerei verlor das jede Bedeutung. Die eine Geschichte liest der Mensch in den Büchern, und die zweite trägt er in seinen Knochen mit sich herum. Die Geschichte dieser Wirtschaft kroch den fünfen in die Knochen. Dabei war sie ganz einfach. Eine kleine Kolchose in den Wäldern hinter Ełk. Sechsundvierzig Hektar. Fünf Jahre lang ruiniert von besoffenen Tolpatschen. Schließlich wurde die ganze Bande eingesperrt. Doch neue Leute wollten nicht zur Düne. Also suchte man in der Kreisstadt solche, denen alles egal war. Denen das Leben schlechte Karten gegeben hatte. Die alles verspielt hatten.

Auch Lipko war so einer. »Ho, ho, Herr Redakteur, ich kenne mich aus mit Tieren. Ich habe die Pferde im größten Kutschenstall bei Wecel gesehen – in Warschau vor dem ersten Krieg. Die berühmtesten Leute wurden von unseren Bestien gezogen. Die schönsten Schauspielerinnen, Herr Redakteur«. Jetzt kann Lipko darüber nur lachen. Wenn er einen Wunsch verspürt, dann den, am Morgen ein Glas zu kippen. »Um die Seele zu retten«, sagt er. Denn Lipko ist seit dem Krieg Schweinehirt, und deshalb, so meint er, ist er von diesem Gestank völlig durchtränkt. Die Kleidung und der Körper sind durchtränkt, aber das macht nichts. Schlimmer ist, dass auch das Denken durchtränkt ist, deshalb braucht er das Glas, das auch eine metaphysische Rolle erfüllt. Lipko liebt Schweine. Das klingt nach Humor. Aber warum nicht? Vielleicht ist es gar nicht so lächerlich, dass ein Mensch, der durchs Leben gegangen ist und ein paar tausend andere Menschen getroffen hat, am Ende sein Herz den Schweinen schenkt.

Edek wird vom Alten Edzio gerufen; die anderen müssen ihn »Chef« nennen. Der Kutscher ist stolz auf den Chef. »Der wird es noch weit bringen«, sagt er anerkennend und schnalzt mit den Lippen, um die hohe Stufe in der Hierarchie anzudeuten. Edek ist ein guter Junge. Jahrgang fünfunddreißig. Hartnäckig, energisch, ein wenig auf Effekte aus. Er liebt es, sich hervorzutun. So formuliert er auch sein Urteil: »Hier könnten wir uns hervortun, und dort ist es uns nicht gelungen, uns hervorzutun.« Edek hat die Verlierer an die Hand genommen, hat etwas gesät, und jetzt wartet er darauf, etwas zu ernten. Er rennt herum, geht auf die Felder, führt die Bücher. »Ein Talent, ein großes Talent«, sagt Lipko bewundernd. Edek hat seine Prinzipien. Sienkiewicz wirft er seinen Kapitalismus vor, Rysiek seine opportunistische Trägheit und Trofim seine Frömmelei. »Lass Trofim in Ruhe«, sagt Rysiek, »er ist krank«. Das stimmt, Trofim leidet an Epilepsie. Kurz nach dem Krieg übernachtete einmal ein Soldat in seiner Kammer. Am Morgen stürmte ein Bandit herein. Die beiden zielten mit ihren Maschinenpistolen aufeinander, und zwischen ihnen, zwischen den beiden Läufen, stand der kleine Trofim. Das war zu viel für ihn. Deshalb hat er nun seine Anfälle. Er ist schwermütig, ergeben, er steht am Weg, eine Stunde lang, dann geht er los, kehrt wieder zurück, setzt sich hin und bricht in Tränen aus. Als ich ihm eine Zigarette anbot, zündete er sie an, doch dann lief er zum Laden, um mir eine ganze Packung zurückzugeben. Ich wollte sie nicht nehmen. Nimm, sagte er, wehr dich nicht, sonst bekomme ich gleich Schaum vor dem Mund. Also nahm ich sie, aus Angst vor einem Anfall. Nach solchen Typen hat Dostojewski gesucht. »Hast du Dostojewski gelesen, Trofim?«, fragte ich ihn einmal. Er hat ihn nicht gelesen, denn vom Lesen beginnt sich in seinem Kopf ein Mühlrad zu drehen.

Er geht weiterhin zur Düne.

Eine Saite des Windes streicht über den Sand, der Sand zittert und beginnt zu singen.

Er lauscht dieser Musik, die Musik nimmt ihm die Schmerzen.

Der Roggen stand in schweren Ähren, die Kartoffeln hatten keine Käfer. Die Zeit war ihnen gewogen, Edek berechnete die Ernte. Und dann plötzlich dieser Unfall mit Mongol. Trofim fuhr mit Mongol nach Ełk, um einen Kartoffelroder zu holen. Der Kartoffelroder stand im Lager. Dort wurde Trofim von Krämpfen gepackt, er lag reglos drei Stunden lang dort. Mongol ist ein pünktliches und unabhängiges Pferd. Er hatte nichts dagegen, zwei Stunden lang zu warten. Dann machte er sich allein auf den Weg zur Düne. Da geschah es. In der Dunkelheit trottete Mongol mit seinem Geschirr durch den Wald. An einer Kreuzung schoss ein Lastwagen um die Ecke, die Scheinwerfer blendeten Mongol. Man kann sagen, er ist einen doppelten Tod gestorben, was bei Menschen geschehen kann, doch bei Tieren nur selten vorkommt. Zuerst tötete ihn das Licht. Er wurde von den Scheinwerfern getroffen, so dass er sich nicht verteidigen konnte. Und weil das alternative Leben wegfiel, blieb nur der alternative Tod. Erschreckt und willenlos nahm er ihn auf sich. Im Fall von Mongol traf das Leben nicht auf den Tod, sondern der Tod holte das Leben ein.

Die Schuld lag bei den Leuten von der Düne. Sie mussten das Pferd ersetzen, aber dafür hatten sie kein Geld. Es war Erntezeit, der Wirtschaft drohten Verluste. Edek kam auf die Idee, Geld von Sienkiewicz zu borgen. Sie übten Druck auf den Alten aus, doch der Alte sagte: »Nein«.

Also beriefen sie eine Krisensitzung ein.

In der Nacht hielten sie über Sienkiewicz Gericht.

Er lag auf dem Bett, das Gesicht zur Wand, den Kopf in den Schaffellmantel gehüllt. Am Tisch saßen: der bleiche Trofim, Lipko Dorożkarz, Edek Partyjniak und Rysiek Rozdwojony, der Verdoppelte, der Uhren reparierte.

»Lebend kommst du hier nicht raus«, sagte Lipko.

Trofim versuchte, das zu relativieren.

»Der Mensch besteht aus Schwächen«, sagte er, »nehmt nur das Beispiel von Judas.«

»Er ist nicht schwach«, widersprach Edek, »er ist ein beinharter Kulak.«

Rysiek sagte nichts: Vornübergebeugt horchte er auf die Uhr. Die Uhr schwieg, im Werk war die Zeit stehengeblieben.

»Was ist das für ein Mensch, Genosse?«, wandte sich Edek mir zu. Ich setzte eine nichtssagende Miene auf, weil ich nie weiß, was ich auf solche Fragen antworten soll.

»Sienkiewicz«, fragte ich, »hat euch eure Mutter die Brust gegeben?«

»So sagen sie jedenfalls«, antwortete er.

»Und dann, womit hat sie euch dann ernährt?«, fragte ich wieder.

»Mit Kartoffelschalen.«

»Und erinnert ihr euch an etwas, was eure Mutter gesagt hat?«

Er regte sich, ein Geruch von Hammel zog durch die Stube.

»Ich erinnere mich.«

»Woran erinnert ihr euch?«

»Ich sagte zu ihr: Was gebt ihr mir Kartoffelschalen, ich bin kein Ferkel, ich bin ein Mensch. Und die Mutter sagte: Wenn du einmal so reich bist wie Herr Kozaniecki, dann bist du ein Mensch.«

Die Lampe warf zitternd einen gelblichen Schein, Schatten zuckten über die Wände. In Rysieks Uhr murmelte der Fluss der Zeit.

Ich dachte mir, diese dreckige Rotznase in ihrer zerrissenen, mit einer Schnur zugebundenen Hose habe damals vieles verstanden.

Zumindest zwei Dinge hatte er verstanden: Erstens, dass es einen Unterschied gibt zwischen dem Menschen und dem Vieh.

Zweitens, dass Reichtum diesen Unterschied ausmacht.

Man könnte nun die Frage stellen: Was ist Reichtum? Man könnte auf das Beispiel des armen Cézanne verweisen, der schließlich ein großer Mann war. Man könnte das Beispiel von Balzac nennen, der in Schulden ertrank. Man könnte Marx anführen. Doch Sienkiewicz kamen diese Unterscheidungen nicht in den Sinn, und das war nicht verwunderlich. Das hatte vermutlich das Leben im Gesindehaus bewirkt, und dann die Jahre der Fron, und die Jahre des Herumziehens als Bettler. Nach dem Krieg kümmerte man sich um ihn. Man wusch ihn und gab ihm zu essen. Er bekam ein Bett und ein Dach über dem Kopf. Nun konnte er sich denken: Sie haben mich mit den elementarsten Dingen versorgt. Vielleicht sollte ich es jetzt versuchen.

Einmal im Leben möchte der Mensch Mensch sein. Auf diesen Moment hat er siebzig Jahre gewartet. Und nun rechnet er: Ich habe 9365 Złoty und 15 Groszy. Bin ich jetzt schon ein Mensch? Diese Frage stellt er den anderen Menschen. Und er rechnet damit, eine Antwort zu bekommen.

»Lasst ihn«, sagte ich, »ich werde das Geld beim Kreisamt besorgen.«

Eine Woche später brachte Lipko das neue Pferd. Lipko sagte, es sei nicht wie das alte, doch er striegelte den Hengst, bis das kurze Fell glänzte. Er sollte auch Mongol heißen.

Mongol II wurde vor die Schnittmaschine gespannt. Lipko rief »Hüh!« und »Hott!«, wie ein Kutscher an der Kohlenrampe. Der Roggen stand bis zur Düne.

Auf der Düne saß Trofim.

Der Wind strich über den Sand, der Sand zitterte und begann zu singen.

Nun sangen auch das Getreide und die Schnittmaschine. Die Welt wurde hell wie am ersten Schöpfungstag. Sie waren spät dran mit der Ernte, es war August. Der Sommer des Jahres einundsechzig. Keine großen Ereignisse. In Polen herrschte Frieden. Fünf Menschen haben ein Stück Erde gerettet. Ich habe gesehen, wie in Japan die Bauern Felder gegen das Meer verteidigen. Wie man in Afrika Plantagen vor dem Dschungel rettet. Die Erde ist groß, noch keiner ist von der Sahara bis zu Trofims Düne gewandert. Jeder weiß, wie das ist auf der Welt, auf der ist alles möglich. Und das ereignete sich bei der Düne: Fünf Menschen retteten ein Stück Boden und damit sich selber. Was war es, das sie sich vorher wünschten? Es noch einmal zu versuchen. Eine Chance zu erhalten. Und diese Chance haben sie bekommen. »Das ist gut«, sagt Rysiek, »dass man uns diese Chance gegeben hat. Und dass wir sie genutzt haben«.

Ganz unten

Das ist ein Ereignis wie ein Stück Brot: bestens bekannt, alltäglich schmeckend, und doch, wenn es fehlt ... Sie gehen zu dritt die Landstraße entlang, ich schließe mich als Vierter an:

»Darf ich mit euch gehen?«

Zuerst sind sie etwas misstrauisch, dann sagen sie scherzend:

»Warum nicht? Sie müssen allerdings einen Einstand zahlen.«

Die Straße führt von Bielawa nach Nowa Ruda. Auf der Strecke liegt Woliborz, dort müsste es ein Gasthaus geben, eine klebrige Tischplatte, ein paar Gläser Wodka in einer Limonadenflasche, weil heute Zahltag ist, da wird kein Alkohol verkauft.

»Geht in Ordnung.«

Dieses Versprechen ist wie ein Einvernehmen. Jetzt ist das was anderes. Jetzt sind wir Kumpel. Sie sind Arbeiter und waren zuletzt im Textilwerk in Bielawa beschäftigt, jetzt wandern sie nach Nowa Ruda, weil man dort Arbeit in einem Bergwerk bekommt. So ein Wechsel ist für sie keine Neuheit. Im Gegenteil – es ist eher die Regel, der sie treu sind. Die drei trafen sich vor zwei Jahren bei Verladearbeiten in Szczecin. Sie passen so gut zusammen, weil sie aus derselben Gegend in der Wojewodschaft Rzeszów stammen, sogar aus demselben Kreis Brzozów – also sind sie Landsleute. Seit damals wandern sie herum. Sie waren in Poznań, Gorzów, Konin, Rybnik, Tarnobrzeg. Sie verdingten sich als Bauarbeiter, Erdarbeiter, Textilarbeiter, Schlosser. Jetzt werden sie als Bergleute arbeiten. Sie haben so viele Berufe kennengelernt, weil sie in Wahrheit keinen einzigen beherrschen. Sie besitzen keine Qualifikation. Sie haben keinen ständigen Wohnsitz. Keine ständige Arbeit. Sie finden nie eine dauerhafte Anstellung.

Sie leben mit dem, was sich so ergibt. Im Moment sind das Wolibórz, jenes Gasthaus, der Tisch und die Flasche. Heringsfetzen auf dem Teller. Verschwitzte Stirnen und Gezänk: »Warte, Władek, warte, das war nicht so, du schwindelst.« Vielleicht denken sie zum ersten Mal über den Sinn ihres Herumstrolchens nach. Aber das will ihnen nicht so richtig gelingen. Warum strolcht der Mensch so herum? Was treibt ihn? Was hat er davon?

In einer Ecke stehen drei abgeschabte Koffer, fast leer, mit Schnüren zusammengebunden. Was ist darin? Ein Hemd vielleicht, Schuhe, ein Gummimantel, ein zerrupfter Pinsel. Sie haben alles Geld ausgegeben, so dass sie zu Fuß nach Ruda gehen müssen. (Ich wohnte mit ihnen in einem Hotel in Bielawa. »Am Zahltag« – sagt die Frau in der Portierloge – »beginnen sie zu trinken. Es reicht höchstens für eine Woche. Dann nagen sie am Hungertuch. Nach ein paar solchen Zyklen schnappen sie alles, was sie in die Hand bekommen, und machen sich auf und davon.«)

Die große industrielle Migration gibt es nicht mehr, doch der Strom, von dem diese drei ein kleiner Teil sind, fließt weiter dahin. Junge Burschen, von der Enge aus ihrem Dorf vertrieben, auf der Suche nach leichterem Verdienst. Die Verwalter klagen über die Sorgen, die solche wie sie ihnen bereiten: Sie verschwinden irgendwohin, tauchen irgendwann wieder auf. Unstete Wesen nennt man sie, der Disziplin abgeneigt.

»Als der Meister mich aufs Korn nahm, sah ich, dass es Zeit war zu gehen. Ich hab mich noch mit ihnen abgesprochen, und weg waren wir.«

Dann beginnen die Nächte auf den Bahnhöfen, die Nächte in den Zügen, die Nächte in Heuschobern. In Arbeiterheimen und Baracken, in Dachkammern. Sie befolgen eine eiserne Regel: Sie halten sich an große Betriebe. Neue Bauvorhaben. Dort kennt dich keiner, dort scheuen sie davor zurück, viele Fragen zu stellen. Der Mensch verschwindet in der Masse, er löst sich auf in der schmutzigen Menge. Man darf nicht mit dem Geflecht eines Kollektivs verwachsen, darf sich nicht in ein Netz von Abhängigkeiten begeben, die einen demütig machen, so dass man am Ende meint, so müsse es jetzt bleiben. Das muss es eben nicht! Hat da nicht einer gesagt, hundert Kilometer weiter sei es besser? Besser? Dann nichts wie hin! Was hat man zu verlieren? Den mürrischen Chef, den Winkel im Hotelzimmer? Was hat man zu gewinnen? Alles. Und schon sitzen sie im Zug und jagen dahin. Meint ihr etwa, Konin könne nicht einen Tag lang so schmecken wie Colorado? Nach ein paar Enttäuschungen erwarten sie nicht mehr die große Überraschung. Doch es bleibt die Gewohnheit, sich der Verführung willenlos hinzugeben.

Aus einem Milieu gerissen, können sie in keinem anderen Wurzeln schlagen. Weil sie überall sofort misstrauisch aufgenommen werden. Wenn du so herumstrolchst in der Welt, mein Lieber, kann dein Gewissen nicht rein sein. Wenn es eine Prügelei gibt oder einen Diebstahl, fällt der Verdacht sofort auf dich. »Ein unstetes Wesen, das jede Disziplin ablehnt.« Sie sind überall fremd, stören die Ordnung der Kleinstadt, die Ruhe und Harmonie in der Siedlung, die Harmonie am Arbeitsplatz. Sie brauchen keine Rücksicht zu nehmen auf Urteile, daher urteilt man schlecht über sie. Es gibt keine wirkungsvollen Sanktionen gegen sie, sie kümmern sich nicht darum. Sie tragen nichts bei zu den bestehenden Werten und gefährden sie.

Sind sie ehrlich, wenn sie ihre Lage so positiv darstellen?

»Uns drängt es nicht nach oben, mein Herr. Wir haben uns hier unten eingerichtet, im Erdgeschoss.«

Das ist der einzige Platz, den sie ständig besetzen: der Rand. Sie wechseln Städte und Fabriken, doch diesen Platz wechseln sie nicht. Der ist ein dauerhaftes Element, fest verankert im fließenden, wirbelnden Strom der Tage. Auf dieser Sandbank haben sie ihre Anker geworfen, weil es hier kein Gedränge gibt, weil sogar das Gesetz nur selten bis hierher kommt.

Sie machen sich lustig über die Welt, die sich einrichtet. Sie verhöhnen die Menschen, die materiellen Gütern nachjagen: Kleinwagen der Marke Mikrus, Fernseher Belwedere II, Waschmaschinen vom Typ SHL! Wenn man von den Vorsorglichen sagt, sie gingen durchs Leben, dann gehen sie am Leben vorbei. Die hektische Welt hat nichts übrig für Menschen wie sie. Sie brauchen nicht teilzunehmen am Spiel, es gibt genügend andere Kandidaten. Die Welt schließt also mit ihnen einen Pakt der Nichteinmischung: Lassen wir einander in Ruhe. Das ist wirklich eine gerechte

Haltung, getragen von höchstem Humanismus. Drei Strolche rühmen sich, dass man ihre Wahl anerkennt. Sie sagen, jeder Eingriff von außen könne nur den von ihnen eingeschlagenen Weg stören. Sie wollen nichts aufbauen! Vielleicht verstecken sie in ihrem tiefsten Inneren den Wunsch, auch solche Güter zu erwerben. Doch dieser Wunsch war nie drängend und stark genug, um ihre Entscheidungen zu beeinflussen. Dazu hätten sie ihr unstetes Dasein aufgeben, einen Beruf wählen und eifrig an einem Nest bauen müssen. Doch darin sahen sie offenbar keine befriedigende Lösung.

»Wozu die Eile, mein Herr.«

Von Wolibórz nach Ruda ist es ein schönes Stück Weges. Im Kopf summt es ein wenig, die Sonne besorgt den Rest. Die farbige Mittagsstunde hätte sogar Vincent van Gogh bezaubert. Das Licht ist so intensiv, dass im nächsten Moment eine goldene Explosion die Luft zu zerreißen scheint. Die vom Schweiß zerfressenen Griffe der Koffer kleben an den Händen.

Es fällt den dreien nicht leicht, sich mit anderen zu verständigen. Sie suchen eine neue Beschäftigung, sie werden sich in einer neuen Gruppe einleben, aber wenn sie wieder fortgehen – wird jemand ein Wort über sie sagen können? Im Verlauf eines einzigen Jahres lernen tausend Menschen ihre Gesichter kennen, doch ihre Namen werden nur wenige wissen, ihre Gedanken keiner. Bei losen Kontakten zählen die Reaktionen, nicht die Motive. Sie sind fort, also muss man neue suchen, sie sind gekommen, also muss man ihnen Arbeit geben. Ist es überhaupt möglich, ins Innere eines Menschen zu schauen? Ein Schicksal zu entziffern, das er selber nicht erklären kann? Aber was will ich? Ich kann selber nicht mehr über sie sagen. Was verbindet uns? Zwei Kilometer Weges? Das Gasthaus?

Der Reporter ist nicht bloß ein Schalltrichter, in den man Dutzende Zahlen, Namen und Meinungen hineinruft. Manchmal möchte er selber auch etwas sagen. Aber was soll ich sagen? Da gibt es zwei Welten, die einander nie berühren. Die im Erdgeschoss, die ganz unten. Man muss dort gelebt haben, um etwas darüber sagen zu können.

»Das Leben«, so sagen sie, »das Leben sind ein paar konkrete Begriffe:

Spaten – Auszahlung

Kino – Vino.«

Und was noch? Ist alles andere ein Duft, der in der Luft verweht? Ja, denn man kann es fühlen, doch wie soll man es fassen?

»Saluto«, sagte der eine zum Abschied.

»Arrivederci!«, rief ich zurück, um mir keine Blöße zu geben.

Ohne Adresse

Er sagte:

»Warum nicht? Nach einem kleinen Bier – plaudert sich's gut. Waren Sie schon einmal hungrig? Na eben: Nebel und in diesem Nebel Menschen. Und der Mensch selber wie Watte. Arme, Beine und der Rest. Schreiben Sie: der Junge nannte sich Pik Bube. Das ist der geringste aller Buben. Bei tausend ergeben die Pik nur 40 Punkte. Lumpige Karten. Wenn ich über andere spreche, dann auch so: Karo Bube oder Kreuz Bube, oder Treff. Vielleicht werde ich noch ein paar Damen und ein paar Könige nennen. Asse gibt es leider keine. Aha, dann haben wir da noch Homer. Ein interessanter Mensch. Er hat so manches erlebt, das sieht man ihm an. Es lohnt sich, ihm zuzuhören, obwohl er verbittert wirkt. Ein Typ wie aus ›Rififi‹.

Sie wollen etwas über die Buben wissen, ja? Bube, so nennt man einen Studenten, der illegal im Studentenwohnheim wohnt. Ein studentischer Clochard, wie ein Nachfahre des Einsiedlers Franziskus von Assisi, der nicht pflügt und nicht sät, arm ist, aber lebt. Karo ist so ein typischer Bube. Er hat das zweite Jahr nicht geschafft, drei verpatzte Prüfungen – das war das Ende vom Lied. Wenn sie einen Studenten rausschmeißen, verliert er auch seinen Platz im Studentenwohnheim. Aber irgendwo muss er wohnen, schließlich stammt er nicht aus Warschau, er hat hier kein Dach über dem Kopf. Das Dach ist weit weg – in Olesno oder Iława, warum soll er dorthin zurückkehren? Aus Warschau in so ein elendes Loch? Hier hat er, mein lieber Herr, schließlich Kontakte, eine Karriere, hier ist das Leben. Also schlägt er sich als Bube durch. Im Studentenwohnheim finden sich immer Kumpel, die ihn aufnehmen, ihm was zu essen geben, dann ist alles in Ordnung. Nur dass der Mensch keine Adresse hat. Aber ist die so wichtig?

Homer sagt stets: Burschen, was seid ihr nur für Menschen? Ich sehe doch, was ihr treibt. Ich sehe dich, Pik, und dich, Karo, und dich, Treff. Dort auf der Mauer neben dem Kopernikus auf der Straße Krakowskie Przedmieście. Hier die Straße, der Verkehr, alle jagen dahin wie die Hunde mit heraushängender Zunge, sie aber sitzen dort vom Morgen bis in die Nacht hinein. Wenn einer von ihnen wenigstens zittern würde. Aber sie sitzen einfach da, das ist alles. Reden sie etwa? Aber nein, nichts da! Warten sie auf etwas? Auch nicht. Sie sind taub und tot. Manchmal sagt einer: Ich gebe zwei, wer legt was drauf? Ein träges Kramen in den Taschen, da ein Złoty, dort fünfzig Groszy. Sie legen zusammen und gehen zur Bude. Sie bekommen drei Flaschen Bier. Die teilen sie unter sechs auf. Sie trinken und schweigen und spucken. Und Stille. Sie stellen die Krüge weg. Kehren zurück zur Mauer. Wieder Stille. Eine Stunde später meldet sich einer: Ich muss mal pissen. Sagt ein anderer: Mach's auch für mich, ich bin doch dein Herr, nicht wahr? – Und wieder Stille. Der Tag verstreicht, in der Dämmerung geht ein Mädchen vorbei. Treff meldet sich zu Wort: Ein klasse Häschen, was? Sie nicken, bewegen die Hände in den Taschen. Und – Stille.

Manchmal fährt vor das Hotel ›Harenda‹ ein Autobus vor. Dann springen sie hin, schnappen die Koffer der Touristen, tragen sie. Fünf, zehn Złoty bekommen sie ... Es reicht für ein Bier, sie kommen zurecht. So ist es, ich sehe doch, wovon ihr lebt – vom Bier! Treff sagt ihm darauf ins Gesicht: Wenn einer den Mund zu voll nimmt, sagt er immer was Unnötiges.

Treff ist ein Philosoph, oh ja, der ist gerissen. Es fehlt ihm nur an Kraft. Ich habe den Eindruck, euch allen fehlt es an Kraft. Ist euch die entwichen oder was? Treff hat eine gute Hand für Karten. Eine Autorität. Wissen Sie, man muss etwas tun, am Abend, nachts. Bücher liest man keine, das Theater kostet, aufs Kino hat man nur selten Lust. Bleiben die Karten. Wie es so kommt: Poker, Bridge.

Treff ist ein wahrer Glückspilz. Sie versammeln sich im Studentenwohnheim in einem Zimmer, ein Bild wie aus einer anderen Welt, ein Spielkasino. Das sollten Sie einmal sehen: alles völlig verraucht, das Rascheln der Karten, eine Menge Kibitze. Bis zum Morgengrauen, bis in die Früh. Manchmal geht es um Geld, aber Geld ist rar. Dann spielt man um Bons für die Kantine, fürs Mittagessen. Oder um Kleidung. In einem Zimmer lagen die Kleider einen Meter hoch. Einer verspielte seine Jacke, er ließ sie fluchend zurück und ging. Es gibt Fanatiker, die spielen gleich um ihr Stipendium. Karten bedeuten Emotionen, man braucht sich nicht anzustrengen, Karten bedeuten Abenteuer. Man hat den Tag nicht vergeudet. Das ist angenehm. Franek hält die Bank. Franek gibt, wir spielen, Juli und Mai fliegen in den heißen Sand. So heißt es in einem Gedicht, leider weiß ich nicht, wie es weitergeht.

Wenn Treff gewinnt, versorgt er uns mit Wein. Ein süßes Leben. Dolce vita. Ja, dann schmecken wir den Sieg. Zuerst gehen wir würdevoll ins Hotel ›Harenda‹. Zwei Hunderter im Sack: Millionäre! Dort eine kleine Konversation am Tisch, eine kleine Bestellung, und weiter ›Zu Chrystuska‹. Bei ›Chrystuska‹ herrscht stets Gedränge. Waren Sie schon einmal dort? Wir ziehen die Hosen hoch, und weiter zu ›Kościółek‹. Hier beginnen wir gleich mit Wein. Zwei Gläser, ein Schwätzchen, eine Verneigung in Richtung Nachbartisch, die Kollegen kennen einander. Höflichkeit ist Pflicht, Treffs Garde weiß sich zu benehmen.

Wenn Kreuz zahlt, dann sind wir seine Garde. Und so weiter. Nur Pik zahlt nie. Pik ist ein armer Schlucker. Er hatte noch nie seine eigene Garde. Von ›Kościółek‹ geht es weiter zur nächsten Station, zum ›Fukier‹. Oder zum ›Café Kicha‹. Oder zur ›Dziekanka‹. Überall der schwache säuerliche Geruch von Gärung, Rauch, Lärm – wunderbar. Manchmal geht man zur Oma, auf der Oboźna. Eine kuriose Wohnung. Eine alte Hütte, ein kleiner Laden, in Gläsern ein paar Bonbons. An den Wänden abstrakte Bilder. Werke von talentierten Künstlern. Studenten der Kunstakademie haben sie gegen Bier eingetauscht. Die Oma gewährt auch Kredit. Auf Holzkisten sitzen Fuhrleute und trinken mit den jungen Künstlern. In der Ecke steht eine Peitsche, eine Studentin sitzt einem Fuhrmann gegenüber. Die Fuhrleute haben Geld im Beutel, wissen Sie. Einmal kamen wir hin, da saß eine Bildhauerin und weinte. Na klar, wenn ein Mensch schön ist, muss er unglücklich sein. Manchmal bleiben noch ein paar Groschen übrig, weil einer von zu Hause oder für eine Auftragsarbeit etwas bekommen hat. Ein paar von uns publizieren hier und da etwas, dafür gibt es auch ein paar Złoty. Dann kaufen wir Wein und fahren ins Studentenwohnheim. Was weiter geschieht, ist hinlänglich bekannt. Einer erzählt einen Witz, dann ein zweiter. Wer Tratsch aus der literarischen Welt kennt, ist allgemein anerkannt. Sie wissen schon: wer mit wem und so weiter. Der Tratsch bewegt sich in Klischees: Also schenken wir ein! Und dann: Johann Sebastian BACH! – weil die Gläser ›bach‹ machen, wenn man anstößt! Irgendwie geht jeder Abend vorbei. Wenn die Mädchen ordentlich trinken wollen, tun sie's allein. Dann sperren sie sich ein, und was sie dort machen, wissen wir nicht.

Homer macht folgende Bemerkung: Mit euch, so sagt er, kann man nur reden, wenn ihr was getrunken habt. In euch steckt kein Leben, kein Wollen, kein Feuer. Langeweile umhüllt euch wie ein feuchter Kokon. Was hast du denn schon erlebt, Herzbube, du Pisser? Was weißt du von der Welt? Wenn ich mit dir rede, habe ich stets den Eindruck, dass du schläfst. Du wachst bloß auf für ein Gläschen Wein, machst die Augen auf, reißt dich zusammen, ein Gedanke kreist durch deinen Kopf, gleich, gleich, das Herz regt sich, doch dann sehe ich voller Schrecken, dass du schon wieder schläfst. Du gehst, du sprichst, schneidest Grimassen, lachst, aber alles im Schlaf. Du pennst ständig, die lebende Lethargie. Das ist ein verdammt ödes Gefühl, mein Freund, du fühlst dich an wie ein glitschiger Fisch. Denn du bist da und gleichzeitig nicht da. Ich überlege manchmal, wo man dich treffen könnte, um dir etwas Großes zu entlocken, etwas Schönes. Ich dachte immer, so etwas stecke in jedem jungen Menschen. Doch jetzt habe ich so meine Zweifel. Wenn Homer so zu quatschen anfängt, muss Treff ihn zum Schweigen bringen.

Treff steht mir am nächsten. Ein universaler Geist. Man sieht ihn immer mit einem Buch, und zwar immer mit einem anderen: ›Bedienungsanleitung einer WFM‹, ›Ich werde Mutter‹, ›Einführung in die Heilige Bibel‹, ›Hundert Rezepte für Verliebte‹. Er liest die Bücher nicht, aber er schleppt sie mit sich herum. Heute zählt das Image. Treff hat ein gutes Image. Er hat das Journalistikstudium abgebrochen, aber die Begeisterung ist ihm geblieben. Sie sind auch Journalist, nicht wahr? Verwandte Seelen. Wenn Treff nicht gerade pokert, schreibt er. Im Sommer arbeitet er kulturell am Strand: Er legt dort Platten auf. Jeder versucht etwas zu machen. Karo findet Arbeit bei Nonnen. In Powiśle leiten Nonnen ein Heim für blinde Kinder. Dort hackt Karo Holz, richtet die Stromleitung, repariert Möbel. So kommt er irgendwie durch. Herzbube ist Portier. Ich wiederum arbeite von Zeit zu Zeit im Hotel ›Plastuś‹. Dort gibt es allerlei zu tun: Ich putze die Böden, trage Kohle, klopfe Teppiche. Haben Sie was für mich? Pik nimmt alles. Treff hingegen ist ein richtiger Aristokrat. Im Übrigen sind die Buben überhaupt Aristokraten. Eine Elite. Ein exotischer Akzent des Milieus. Wir sind hier oben, und dort unten ist die Menge der Streber. Warum büffeln die so? Ein Student, der ständig lernt, ist ein Missverständnis, ein tragischer Irrtum. Die Techniker müssen schon ein wenig pauken, aber Techniker sind Bauern, vom Dorf in die Stadt, kein Humanist, der etwas im Kopf hat, wird pauken. Was auch? Makulatur? Sie beneiden uns! Sie zittern vor den Professoren, rennen in die Vorlesung, kritzeln Referate – uns können die mal.

Natürlich muss man etwas vollbringen. Ein richtiger Bube muss etwas schaffen. Poesie, Dramen, Prosa, überhaupt Literatur. Ruhm und Brot. Karo ist ein gutes Vorbild. Er schreibt eine Erzählung, geht damit in ein Zimmer im Studentenwohnheim, spätnachts. Wenn sie schon schlafen, weckt er sie auf. Er sagt: Ich lese euch vor, wenn ihr mir was zu essen gebt. Und dann liest er, und er bekommt immer ein Stück Brot. Manchmal sogar mit Schmalz drauf. Andere machen das genauso. Die Dichter haben es am besten. Sie sind beliebt, die Leute hören ihre Verse gern. Homer hingegen höhnt: Was ist das für eine Literatur, was habt ihr schon zu sagen? Was für eine Wahrheit wollt ihr verkünden? Karo, ich war jünger als du, als mich zwei Angehörige der UPA, der ukrainischen aufständischen Armee, an einen Baum banden, sich hinsetzten, Zigaretten anzündeten, eine Feile herausholten und eine Säge zu schärfen begannen. Sie sagten, das sei human, denn sie wollten mich glatt durchsägen. Ich kann das nicht beschreiben, aber ich hätte schon Stoff, nicht wahr? Hast du schon einmal den Tod gesehen? Weißt du, was Liebe ist? Bist du fast verdurstet? Hat dich Ehrgeiz zerfressen? Eifersucht fast wahnsinnig gemacht? Hast du vor Glück geweint? Hast du dir vor Schmerz in die Finger gebissen? Was sagst du darauf? Ich weiß doch, Karo, wie ihr lebt. In Daunenkissen. Lach nur, aber ich sage dir, dass ihr in Daunen gehüllt lebt. Ich werfe dir das nicht vor, aber ich beneide dich auch nicht. Einmal habe ich dich gesucht im Studentenwohnheim. Das war gegen Mittag. Ich gehe in ein Zimmer – dort schlafen sie. Im zweiten – schlafen sie. Und noch weiter – überall schlafen sie. Was ist los?

Ihr wollt ein Buch schreiben? Filme machen? Willst du mir sagen, worüber?

Aber er vergaloppiert sich. Denn es geht bei uns nicht darum, dass jemand einen Film machen möchte – wir wollen eher als Statisten arbeiten. Früher schon, da wollte jeder was Großes schaffen, etwas Wunderbares erfinden, Regie machen, herrschen. Jetzt ziehen sie es vor, Statisterie zu machen. Das reicht.

Die Sorgen, die man auch so hat, genügen. Wir haben viele Probleme. Der Reihe nach: Wie wir zu einem Platz im Studentenwohnheim kommen? Wir haben kein Recht darauf, weil wir keine Studenten mehr sind. Man muss dort halt illegal wohnen. Auf verschiedene Weise: Herzbube und Treff machen es so: Sie gehen hinein, einer verwickelt die Portiersfrau in ein Gespräch, der zweite rennt nach oben. Sie hinter ihm her, da läuft der zweite über die andere Treppe hinauf. Und schon sind beide drin. Nun müssen sie noch ein Zimmer finden. Sie gehen zu Bekannten. Die Leute mögen uns, jeder hilft gern. Entweder gibt es ein freies Bett, oder man legt eine Matratze auf den Boden. Die Kameraden versorgen uns mit Decken. So schlafen wir wie in Abrahams Schoß. Manchmal entschließt sich die Heimleitung zu einem Überfall, einer nächtlichen Kontrolle. Dann verstecken die Jungs uns im Schrank, decken uns mit Mänteln zu. Wenn sie einen erwischen, ist es aus, dann fliegt er. Aber es kommt auch vor, dass sich einer von uns Buben unter die Kontrolleure mischt, dann deckt er die übrigen. Wir kennen einander gut.

Am schlimmsten ist es mit dem Essen. Morgens muss man sich in der Kantine des Studentenwohnheims ein Frühstück krallen. Die Kommilitonen geben einem die Hälfte ihrer Brotration ab, das reicht. Für Zigaretten gibt einem immer jemand etwas. Und zum Mittagessen gibt es Suppe. Für die Suppe braucht man keinen Bon. Brot steht auf dem Tisch. Irgendwie stopft man sich den Bauch schon voll. Wenn nicht, dann gibt's Bier. Von Bier kann man auch leben.

Also nehmen wir noch ein Kleines, was? Warum haben Sie mich in dieses Gespräch verstrickt? Sonst rede und denke ich nie so. Wenn ich so denken würde wie Homer, wäre ich ein alter Knacker. Aber ich bin noch jung, nicht wahr? Sagen Sie es mir, denn selber ist sich der Mensch ja nie hundertprozentig sicher.«

Der große Wurf

Er ist immer der Erste. Der im grauen Pullover ist der Erste, und darum muss er warten. Er sitzt unter einem Baum, legt gelangweilt das Gesicht auf die Knie und kaut träge an einem Grashalm. Das Spielfeld ist leer: ein unberührtes Rasenrechteck im ovalen Rahmen der Laufbahn. Und der Zuschauer im Pullover wartet.

Er rührt sich nicht einmal, als Piątkowski kommt. Nun verfolgt der Zuschauer das Zeremoniell des Trainings. Er sieht, wie sich die Gestalt des Sportlers im Augenblick vor dem Wurf strafft und wie der von der Hand losgelassene Diskus flach über den Rasen fliegt, dann niederfällt und liegen bleibt. Der Schwung des Armes, der Flug und der Sturz des Diskus werden sich eine Stunde lang wiederholen, immer gleich, monoton. Der im Pullover sitzt reglos da, mit verzerrtem Gesicht, doch seinem Blick entgeht nichts.

»Man könnte ebenso gut nach Hause gehen, es ist ständig dasselbe«, sage ich zu ihm.

»Aber nein. Warten wir ab. Gleich kommt der große Wurf.«

Also bleibe ich, wir beide bleiben, und auch noch andere, die in der Zwischenzeit gekommen sind, um diesen Wurf zu sehen, der groß sein wird, ein Wurf von sechzig Metern. Auf den warten wir, weil wir immer auf etwas warten, was groß, ungewöhnlich und wunderbar sein wird, was uns große Freude machen und uns mit Stolz erfüllen, aber auch unsere Gewissheit bestätigen könnte, dass es mehr gibt, als den Schreibtisch immer um die gleiche Zeit zu öffnen und zu schließen, dem Chef zu schmeicheln, kleine Gaunereien zu begehen – Umarmungen ohne Liebe, Ausfallzeiten, weil die Kooperation nicht funktioniert, die Lieder von Rinaldo Baliński, Wodka, den man auf dem Tisch verschüttet.

Doch auf dem Rasen geschehen ganz gewöhnliche Dinge, die mühevolle Plackerei des Sportlers, langweilige Übungen, Alltäglichkeit, die uns empört und wütend macht und der wir uns doch nicht entziehen können. Der Zuschauer im Pullover wird langsam ungeduldig, der Diskus beschreibt einen kurzen Bogen, zu kurz, wann kommt endlich der große Wurf, der über sechzig Meter?

Wir schauen auf Piątkowski. Er wirkt ruhig, ein kraftvoller Kerl, er wirft scheinbar ohne Anstrengung und geht dann mit bedächtigen Schritten zum Diskus, hebt ihn auf und wirft ihn von neuem, mühelos, ohne die Spannung, die uns nötig scheint für einen großen Wurf. Einer der Umstehenden sagt, er trainiere jetzt »um den nötigen Schliff zu bekommen«, er werfe nicht wegen der Weite, sondern wegen der Technik. Wenn man einmal einen Weltrekord aufgestellt hat, muss man sich um die Technik bemühen. Doch der im Pullover wartet, und er wird sicher nicht umsonst warten, so ein Wurf, was ist das schon für Piątkowski?

Aber nein, nichts dergleichen. Der Diskus segelt nicht, er liegt jetzt auf der Bahn, der Meister zieht sich an und geht, schwerfällig, gebeugt, das Training ist beendet. Nur der Trainer bleibt, er saß bisher, von keinem beachtet, neben der Bahn. Nun scharen sich die Anwesenden um ihn. Auch wir gehen hin. Wir hören, wie der Trainer sagt, die beiden letzten Würfe seien sechzig Meter weit gewesen. Also doch! Und wir haben das versäumt! Der Zuschauer im Pullover ist verbittert, er äußert den Verdacht, der Trainer übertreibe, werde auch hier geschwindelt? Nein, die beiden letzten Würfe waren ganz sicher und ohne Zweifel über der Weltrekordweite, nur schade, bloß im Training, also nicht offiziell. Der Zuschauer beruhigt sich ein wenig, allerdings nur ein wenig, denn er hat es schließlich gewusst, aber doch nicht gesehen, er kann sagen, er habe es gesehen, aber er selber weiß, dass dem nicht so ist. Er geht zum Tor, vermutlich ist er unbefriedigt, irgendwie verdrießlich, schweigend und einsam.

Der im Pullover tut mir leid. Ich kenne ihn nicht, aber wir haben uns ein paarmal auf dem Sportplatz getroffen. Wir haben ein paar Worte gewechselt. Ich weiß, was ihn hierherführt. Er kommt nicht, um Piątkowski zu bestaunen. Wenn er etwas sehen möchte, dann eher sich selber, denjenigen, der er nicht geworden ist. Der er nie sein wird. Der Zuschauer ist einer von jenen Menschen, die irgendwann ihre Chance verpasst haben. Es geht nicht darum, dass er sich einst ein Ziel gesetzt und es verfehlt hätte – er hat es nie wirklich in Angriff genommen. Das ist das Schlimmste, weil er sich immer Vorwürfe machen wird. Und von denen kann er sich nicht befreien. Für gewöhnlich hat der Mensch in seinem Leben zahlreiche Gelegenheiten, doch eine echte Chance bietet sich ihm nur einmal. Es ist möglich, dass diese sich einem bietet und man nutzt sie nicht. Das Problem besteht allerdings darin, dass man sie vielleicht gar nicht erkannt hat. Das ist wie mit dem großen Wurf: Es gab ihn, doch wir haben ihn nicht erkannt.

Über seinen Beruf spricht der Zuschauer bloß in Andeutungen. Vielleicht ist er Kassierer oder Lehrer oder auch Buchhalter. Vielleicht macht er auch nichts. Vermutlich übt er jedoch eine dieser zahllosen farblosen Beschäftigungen aus, die einem keine Befriedigung verschaffen. Da er sich nun einmal mit seiner anonymen Existenz ausgesöhnt hat, sucht er in einem Anfall von Verbitterung dennoch nach dem Moment, in dem er den verhängnisvollen Irrtum beging. War es überhaupt ein Irrtum, oder ist es eher so, dass es gar keinen Irrtum gab, weil gar nichts geschah? Nichts geschah? Warum? An welchem Tag hätte das passieren sollen, was in seinem Leben nicht passierte?

Denn Piątkowski erlebte diesen Tag. Er wohnte in Konstantynów in der Nähe von Łódź, einer kleinen Stadt, über die sich nicht viel sagen lässt. Dort ging er zur Schule. Er war 15 Jahre alt, ein schlanker, zart gebauter Junge. Ein Mitschüler gab ihm einen Diskus. Er begann diesen Diskus zu werfen. Das macht er bis heute, seit acht Jahren. In dieser Zeit machte er sein Abitur, leistete seinen Militärdienst, und nun studiert er an der Hochschule für Weltwirtschaft in Warschau. Doch das sind Daten, wie wir sie in Tausenden Lebensläufen finden: Schule, Studium. Hier jedoch haben wir es mit einem Leben zu tun, das geprägt ist von einer unstillbaren, unnachgiebigen Passion.

Ich fragte mich, ob ihn nichts anderes anzog, ob es für ihn keine anderen Leidenschaften gab, ob er nie wechseln wollte, ob ihn dieses Stück aus Metall und Holz nie gelangweilt hat? Aber nein! Der fünfzehnjährige Junge hatte sich damals in Konstantynów gesagt:

»Das ist genau das, was ich machen muss. Was ich von jetzt an immer machen werde.« Und dabei blieb er. »Ich will mich nicht verzetteln«, sagt Piątkowski, »das bringt nichts. Meiner Ansicht nach muss man aus Tausenden Möglichkeiten immer eine auswählen, und bei der muss man bleiben, wenn man Ergebnisse erzielen möchte. Sonst macht man sich später einmal Vorwürfe, nicht das gemacht zu haben, was man eigentlich wollte.«

Die Erfolge, die er Jahr für Jahr einheimst, sind ihm irgendwie unbehaglich, er bewegt sich unbeholfen unter Menschen, die ihm applaudieren, ihr Lob macht ihn ungeduldig, beinahe misstrauisch: »Ständig diese Bewunderung, wenn es jemand nach oben geschafft hat. Wenn es dann nach unten geht, verstummt der Applaus, und alle Blicke wenden sich ab. Es wird leer um einen herum.«

Doch er ist zu sehr mit seiner Leidenschaft beschäftigt, um die Gesetze der menschlichen Reaktionen zu erforschen. »In all diesen Jahren ist es mir gut ergangen. Mit jedem Jahr machte ich Fortschritte. Was den Anreiz ausmachte? Vielleicht war es nicht nur der Gedanke an den Rekord, sondern auch die Neugierde: Wie viel kann ich noch erreichen? Was kann ich aus mir herausholen? Wo ist die äußerste Grenze, die ich erreichen kann? Sich zu verbessern fällt immer schwer. Aber das ist ja das Spannende – sich selbst zu besiegen. Der man vielleicht in Zukunft sein kann, besiegt denjenigen, der man jetzt ist. Darum kämpft man.«

Er führt keine Statistik, er kann nicht genau sagen, wann er den Weltrekord aufgestellt hat. »Ich kenne nicht einmal alle meine Ergebnisse. Was einmal war, was ich früher gemacht habe, interessiert mich nicht. Es geht mir um das, was jetzt ist. Und noch mehr um das, was sein wird. Was ich noch erreichen kann. Dieses zukünftige Ergebnis, das man erst in sich wecken muss – das ist wichtig.«

Der Mensch ringt mit sich selber, ist da noch Zeit und Platz für etwas anderes? Die Jahre einsamen Trainings, die vielen Starts und sein Widerstandsgeist schärften seinen Kampfinstinkt. Für gewöhnlich ist er langsam, bewegt sich träge, spricht bedächtig, regt sich nicht auf. Er meidet Kaffeehäuser, Feiern, er schweigt in Versammlungen, größere Gesellschaften bringen ihn in Verlegenheit. Doch kaum betritt er das Stadion, kaum taucht er aus dem Tief dieser brüllenden, aufgeheizten Schüssel auf, lebt er auf, wird er zum Energiebündel. Die Gegner jagen ihm keine Angst ein, ihre Ergebnisse beschämen ihn nicht. Sie kümmern ihn nicht, denn er ist gekommen, um sein Ziel zu erreichen. Er konzentriert sich und denkt nur an das, was er machen soll, und er versucht an die unsichtbare Grenze zu stoßen, die er vielleicht irgendwann erreichen kann. »Sie sagen, ich sei so ruhig, doch am Tag nach dem Wettkampf bin ich zu nichts zu gebrauchen, ich gehe herum wie zerschlagen, wie verloren.«

Sein Erfolg hat ihn nicht geblendet. »Der Mensch muss sich damit abfinden, dass er mit fortschreitendem Alter immer schlechter wirft.« Er verfällt nicht in Panik. Er wird wieder im Kreis stehen, den Diskus mit rasantem Schwung schleudern, ihm einen flachen, schnellen Flug verleihen, wohl wissend, dass er eine gewisse Grenze nicht überschreiten kann.

Mir fällt wieder der Zuschauer im Pullover ein. Er und seinesgleichen, denen ich überall begegne. Wenn

sie an den Straßenecken stehen und mit leerem Blick eine Prügelei herbeisehnen, bis sie, erzürnt über den Mangel an Bereitwilligen, selber eine herbeiführen. Wenn sie vor einem Glas schalen Gesöffs sitzen und verdrossen vor sich hin maulen:
»Es gibt nichts zu tun.«
»Nein. Kommt, lasst uns fluchen.«
Doch das bringt auch nichts. Ihr Fluchen ergibt keinen großen Wurf. Dann kaufen sie eine Zeitung. Und lesen von den Rekorden Piątkowskis. »Teufel, der hat vielleicht Glück!« Sie nicken und starren an die Decke. »Die haben keine Ahnung«, sagt Piątkowski, »die wissen nicht, wie viel Arbeit da drinsteckt, wie viel Plackerei. Da war kein Platz für etwas anderes.« Dabei ist er erst 23. Als ich ihn zuletzt besuchte, büffelte er Mathematik.

Wir leben in einer Zeit, in der jeder Mensch unbedingt jemand sein will. Das ist heute wichtiger als alles andere. Der Mensch sucht verbissen nach einem Vorbild. Doch wer kann als Vorbild dienen? Piątkowski oder Tommy Steel? Vielleicht genügen ein paar geschickte Schachzüge, um sich irgendwo hineinzudrängen, und es ist okay? Wozu sich abplagen? Ein Lied, vielleicht ein Gesicht, oder eine höfliche Verneigung, geschickt platziert, reicht das nicht? Dieser große Wurf, wird man den nicht verpassen? In Szczecin sah ich einmal auf der Straße Filmleute. Kameras, Spiegel: sie drehten eine Szene. Um sie herum drängten sich Mädchen und Jungen. Alle wollten gern mitmachen. Aber die Filmleute nehmen keinen, sie brauchen keinen, sie drehen ihren Film, und ringsum herrscht mieses Wetter, die Bänke sind nass, und man hat keinen, dem man auf die Schnauze hauen könnte.

Was soll das, haben wir schon wieder den großen Wurf verpasst?

»Auf diese Weise werden sie nie etwas erreichen«, sagt Piątkowski lachend, als ich ihm diese Szene schildere.

Altes Eisen

Der Weg war öde. Das Band des Asphalts wurde immer schmaler, die Luft darüber zitterte in der Hitze. Kein Wagen. Ich fragte den Jungen, ob er auch nach Grajewo wolle. Ja, er auch. Dann warten wir gemeinsam. Geht in Ordnung, sagte er. Und fügte hinzu, er laufe nach Lazma, dort warteten seine Kumpels. Sie seien aus Augustów. Vor einer Woche haben sie die Schule beendet. Wie es gelaufen ist? »In Geschichte ist er durchgerasselt«, sagte er. Der Professor hatte es auf ihn abgesehen, was soll man sagen, der Professor ist weltfremd, eindeutig abgedreht. Mit so einem alten Eisen kann man nicht reden. »Wie heißt er«? –, fragte ich mit der Routine des Reporters.

Wie? Stępik. Grzegorz Stępik.

Eine Fügung. Ein Zufall.

Ich kannte Stępik – 1955 hat er an der Uni Warschau das Geschichtsstudium abgeschlossen. »Er ist jetzt also in Augustów«, fragte ich. Zu der kleinen Stadt war es höchstens noch ein Kilometer.

Auf dem Ringplatz finde ich ein heruntergekommenes Wohnhaus und im ersten Stock eine vollgestopfte Kammer. Dort finde ich auch Stępik. Natürlich ist er derselbe. Wir sitzen am Tisch, er holt Streichhölzer hervor, zündet eines am anderen an. Schon früher hatte er die Gewohnheit, während eines Gesprächs Streichhölzer abzubrennen. Er hält das

Hölzchen zwischen den Fingern und starrt in die Flamme. Kaum verlischt das Streichholz, holt er ein neues heraus. An manchen Tagen, wenn er nervös ist, verbraucht er ein ganzes Paket mit 250 Schachteln. Wenn in der Umgebung ein Feuer ausbricht, werden sie sicher Stępik einsperren. Als ich ihm das sage, lacht er. Er hat aschgraue Augen, wie vom Feuer verbrannt. Andere Menschen betrachtet er stets durch die Flamme eines Streichholzes. Lässt ihn das die Menschen besser sehen?

Auf den ersten Blick hat er sich kaum verändert. Ein langes Gestell, an dem wirklich konsequent alles lang ist: die Beine, die Arme, die Nase. Er wirkt unbeholfen, irgendwie schwerfällig, was die Menschen um ihn herum stets in Verlegenheit bringt.

Er ist 27.

Altes Eisen.

Nichts weiter als altes Eisen.

Wie kommt es, dass sie ihn auf Anhieb zum alten Eisen erklärten? Als ich ihn das frage, zieht er die Augenbrauen zusammen, wird ungeduldig. »Warum darüber reden«, schneidet er das Gespräch ab.

Warum nicht?

Also gut. Vielleicht gelingt es mir, zu erfassen, was unter der Oberfläche steckt. Oberflächlich ist alles in Ordnung: Stępik unterrichtet in der Schule, er hat eine Menge Arbeit, Stunden, Exposés, Lektüre, er unterrichtet, so gut er kann, gibt sich Mühe, versagt nicht. Von den Aktivisten wird er gelobt. Er wohnt zur Untermiete, spart auf ein Motorrad, im Sommer fährt er auf archäologische Ausgrabungen. Diese Dinge liefern ihm Befriedigung, bereiten ihm Freude. Doch als Pädagoge erlebt er keine Befriedigung, kann er sich keiner erzieherischen Erfolge rühmen. Im Gegenteil! Stępik erlebt ein permanentes pädagogisches Waterloo. Wie er mir versichert, ist er nicht allein in dieser Situation, vielmehr ist das ganze Lehrerkollegium an diesem fatalen Punkt angelangt. Das ist verständlich: Das Lehrerkollegium ist schon älter, deshalb fällt es ihm schwer, sich den Jugendlichen anzupassen. Doch die Lehrer treten den Jugendlichen als geschlossener Block gegenüber, weil dies ihre Situation verbessert. Ihre körperlichen Attribute, graue Haare, Erfahrungen, eigene Kinder an den Universitäten, sind gleichzeitig ihre Waffe. Diese Werte verschaffen ihnen Autorität. Denn am Ende hört man immer auf den Älteren.

Stępik hingegen gehört nur formal dem Lehrerkollegium an. Er hat seinen Stuhl im Lehrerzimmer, er macht Aufsicht, er schreibt seine Anmerkungen ins Klassenbuch. Die übrigen Lehrer behandeln ihn nachsichtig: ein jüngerer Kollege. Eine Stufe niedriger. Ein Eindringling aus einer anderen Generation. Ein Pädagoge, der sich noch warmlaufen muss.

»Das ist unwichtig«, sagt Stępik, »das bereitet mir keine Sorgen. Es geht um etwas anderes: Ich finde mit den Jugendlichen keine gemeinsame Sprache. Es fällt mir leichter, mich mit Menschen zu verständigen, die ein halbes Jahrhundert älter sind als ich, als mit denen, die fünf Jahre jünger sind.«

An der Hochschule bewies Stępik viel Initiative. Ein wortgewandter Aktivist. Er besuchte Versammlungen, Beratungen, er instruierte. Immer mit Vollgas. Er verstand es nicht, seine Kräfte planmäßig einzuteilen. Er vergeudete sie leichtsinnig, verbrannte seine Energie, sammelte keine Vorräte. Er lebte wie in Trance, vergrub sich in die Arbeit, die Kollegen warnten ihn: Mach dich nicht verrückt! Sie dachten sich eine Grabinschrift für ihn aus:

Hier lag Grzegorz Stępik,
Doch er lag nicht lang.
Dann holten sie ihn aus dem Grab,
damit er zur Arbeit hetzen konnte.

Er lernte in den Nächten, döste bei Sitzungen vor sich hin, er kannte keine Ferien, erstellte schwindelerregende Statistiken: in diesem Monat 54 Versammlungen! Man liebte ihn wegen seiner Ehrlichkeit, seiner Solidität, seiner ungehemmten, pulsierenden Hingabe. Er achtete nicht darauf, was er aß, was er anzog, er war ständig in Eile, er sagte, dieses Ziel habe er sich gesetzt, jenes Ziel, er spielte immer in den höchsten Tonlagen. Die oberen Instanzen molken ihn wie eine Milchkuh. Mach noch das, noch jenes. Er konnte nicht nein sagen. Alle Niederlagen seines Lebens sind darauf zurückzuführen, dass er nicht nein sagen konnte. Er bürdete sich ständig neue Lasten auf, neue Pflichten, und auf geht's, zur Hetzjagd, ins Rennen, ins Hamsterrad, in den Wahnsinn, im Übrigen war Stępik selber der reinste Wahnsinn!

»Ich bin nicht mehr wie früher«, sagt er, und trach! reibt er den Kopf an der Zündfläche. »Ich hab nicht mehr diesen Funken, diesen Schwung. Aber damals! Erinnerst du dich, wie wir nachts organisierten, wie wir die Aktion begannen, wie alles in Bewegung geriet, wie wir dann die Leute holten, wie diejenigen, die nicht wollten wie wir, sie dann, wie, wie, wie ...« Stępiks Streichhölzer fliegen, er beschwört die Bilder von damals, belebt sie mit Gesten seiner hageren Hände, aus den Rahmen treten Gestalten, bewegen sich, gehen, reden auf jemanden ein, trichtern den Bauern etwas ein, trichtern sich selber etwas ein. Stępik trichtert jemandem etwas ein, jemand trichtert Stępik etwas ein, und dann trichtern sie gemeinsam – dann kommen neue Bilder, Gespräche, Gesichter, Namen. Stępik sagt das, er sieht es, er fühlt es, erlebt es, er hat damals so viel von sich gegeben, dass das heute noch in ihm drinsteckt – beständig, drückend, drängend.

Wieso also altes Eisen?

Die Jahre haben ihn ausgebrannt, ausgepumpt, ausgesaugt. Er hat viel gegeben und viel bekommen. Er hat eine Menge Erfahrungen gesammelt, Erlebnisse, Weisheiten. Er hat nicht mehr genügend Energie für einen neuen Anfang. Er hat einen Beruf, eine Arbeit, eine vorhersehbare, nicht besonders interessante Zukunft. Er funktioniert in einem bestimmten Milieu, und als ambitionierter Mensch möchte er darin eine klare Position einnehmen. Er lebt unter jungen Menschen. Er würde ihnen gern seine Vergangenheit nahebringen. Würde ihnen gern imponieren, ihnen etwas bedeuten, von ihnen gebraucht werden. Er würde gern weiterhin jemandem etwas beibringen, als Orakel anerkannt werden, die Durstigen tränken.

Er fühlt sich jung. Vielmehr: Eigentlich könnte er sich erst jetzt jung fühlen. Damals war er zu ernsthaft, er schlug nicht über die Stränge, posierte nicht. Er empfindet Sympathien für jene, deren Jugend sich so wunderbar sorglos gestaltet, ohne übertriebene Anstrengung, ohne den Wunsch, die Welt zu erlösen. Das gefällt ihm.

Sie aber finden ihn alt.

Sie brauchen ihn nicht mitsamt seiner Fähigkeit, Gleichgültige zu mobilisieren, zu aktivieren, sie mit seinem Beispiel mitzureißen. Selbst wenn sie den ehrlichen Wunsch bekundeten, sich von Stępik zeigen zu lassen, was er auf dem Kasten hat, würden sie den Sinn, die Funktion und Form dieser Dinge begreifen? Würden sie den Sinn seiner Erläuterungen erfassen? »Monatelang hab ich nur einmal am Tag gegessen«, sagt Stępik. »Hast du kein Geld gehabt?«, fragen sie ihn gleichgültig. »Das war es nicht, aber wer hatte damals schon die Zeit, sich um so was zu kümmern?«, erklärt er. »Er hätte essen können, hat es aber nicht getan«, stellen sie verwundert fest.

Sie kapieren nicht, was ihn antreibt. Er ist wohl nicht ganz richtig im Kopf, denken sie.

»Er hat sich so viel Mühe gegeben, und was hat er jetzt davon?«, fragte mich mein Wegbegleiter. »Nicht einmal einen Fernseher kann er sich leisten.« Der Junge denkt unbestreitbar korrekt und logisch. Ich gebe gerade so viel, wie ich selber bekomme, kalkuliert dieser Schlaukopf. Alle seine Berechnungen laufen auf die Frage hinaus, ob sich das auch rechnet. Wobei sich seine Berechnungen in materiellen Kategorien ausdrücken, in einer Nomenklatur von Zahlen. Was kann Stępik darauf antworten? Bestenfalls haben sie den Verdacht, er sei eingebildet. Er lobe sich grundlos. Wie soll er ihnen beweisen, dass sie sich irren?

Das Schicksal der Generation von Stępik ist weder im Film noch in der Literatur verewigt worden. Ihre Geschichten wurden nie erzählt. Selbst wenn sich mein Weggefährte brennend für die Vergangenheit interessierte und nicht für die Zukunft, könnte er sich über das Schicksal der Generation von Mickiewicz oder von Wokulski leichter informieren als über das seines Geschichtslehrers. Über jene wurde viel geschrieben, über die Generation von Stępik nicht.

Über Wokulski, den Helden eines Romans von Bolesław Prus, schrieb mein Weggefährte sechs Seiten: Wie er war. Über Stępik hat er nur eines zu sagen: Altes Eisen.

Mehr nicht.

Dabei begegnen sie einander täglich, reden miteinander, könnten einander Fragen stellen, Antworten suchen. Doch das tun sie nicht.

Wozu auch?

»Manchmal bin ich in Warschau«, sagt Stępik, »dann sehe ich in den Straßen, an den Ecken, Gruppen von Leuten, die auf etwas warten, ich weiß nicht, worauf. Oder ich beobachte sie, wie sie in die Tramway steigen, ins Kino gehen. In ihrer Haltung, in ihrem Benehmen ist etwas, was mir Angst macht. Ich weiche ihnen lieber aus, ich glaube, wenn ich zu ihnen sagen würde: Entschuldigen Sie, darf ich mal kurz vorbei, würden sie das nicht verstehen. Ihre Gesichter drücken keine Regung aus, ihre Hände kennen keine gefühlvolle Bewegung. Wieso ich das weiß? Jedenfalls habe ich diesen Eindruck. Ich habe nie mit ihnen gesprochen. Ich habe versucht, zu meinen Schülern durchzudringen. Es gelingt mir nicht. Sie fragen mich, ob ich den Krimiautor Joe Alex kenne. Nein, kenne ich nicht. Ich habe Mikołaj Rej gelesen, aber nie Joe Alex. Sie triumphieren. Na klar, wenn jemand Rej kennt, wie kann er das heutige Leben begreifen? Um zu wissen, was man heute braucht, was heute wichtig ist, braucht man sich nicht darüber den Kopf zu zerbrechen, was früher einmal war. Früher einmal – das heißt vor zwei Jahren, oder noch früher. Stimmt das, was ich sage?«

Ich weiß es nicht.

Ich hörte mir an, was Stępik sagte. Er brannte Streichhölzer ab und starrte in die Flamme. Als ich meinen öden Weg weiterging, hatte er die letzte Schachtel aufgebraucht.

Keine Sorge, Tollpatsch

Im Stadtteil Ochota in Warschau sagt man: Tolpatsche müssen hier aussteigen. Man weiß, wer ein Tolpatsch ist. Ein seltsamer Mensch. Er ist unproduktiv, ständig missmutig, verspürt nicht den Reiz des Risikos, wird geplagt von Komplexen, die sich in seinem Unvermögen begründen.

Der alte »Peking« in der Grójecka erlebt einen Feiertag. Seine beiden Untermieter, Wilczyński und Szeryk, junge Ingenieure der TOS-Fabrik, haben einen Fiat gekauft. Jetzt bereiten sie sich auf eine Campingreise in die Masuren vor. Ich überspringe hier ein paar zusätzliche Namen. Ein Auto ist nicht nur für seinen Besitzer wie das Manna vom Himmel. Von einem fahrbaren Untersatz profitieren viele Bekannte. Der Kauf des Fiats hebt nicht nur das Ansehen der beiden Ingenieure, sondern auch das ihres Freundeskreises. Zu dem zählt auch Misiek Molak.

Er nimmt also an einem kleinen Umtrunk zur Feier des grauen Kleinwagens teil, der, noch nicht eingefahren, in der Garage vor sich hin döst. Das Gespräch dreht sich um Reifen, Streitereien, scharfe Getränke und das Getriebe. Sehr interessant.

Misiek stößt mich an:

»Komm, lass uns abhauen.«

Und später auf der Straße:

»Mit denen ist es nicht auszuhalten. Sie sind wie

Talmudisten, die sich im Sanskrit der Technik vergraben. Die Welt dreht sich im Viertakt, angetrieben durch einen Benzinmotor. Das kommt mir zu den Ohren heraus.«

Es bilden sich neue Eliten, sagt er später. Früher waren sie durch schöpferische Bestrebungen geeint, heute verbindet sie das Prinzip des Konsums. Sich sättigen, hemmungslos sättigen: mit Illusionen, Hasard, Tempo, Chaos. Ein unglaublich attraktives Hobby. Alles, was diesen Zeitvertreib stören könnte, ist ihnen suspekt. Sie haben keine Toleranz. Sie verwünschen ihren Gegner zwar nicht, dafür zermalmen sie ihn durch unbarmherzige Gleichgültigkeit!

Dieser Gegner ist er. Er präzisiert die unterschiedlichen Standpunkte, die Genealogie der Unterscheidung: Sie absolvierten dieselbe Schule, spielten in einer Mannschaft im Park. Sie bildeten eine Gruppe der in diesem Bezirk weitverzweigten Clique. Doch dann ging er auf die Universität, während sie die Fachhochschule besuchten. Es stellte sich die Frage nach dem politischen Engagement: Sollte man aktiv sein, nur Aktivität vortäuschen oder sich gar nicht erst mit diesen Dingen befassen? Es folgten die Diskussionen über das Jahr 56, dann trennten sich ihre Wege. Misiek unterrichtet an der Schule, sie arbeiten in der Industrie. Nicht alle: einige sind in der Verwaltung beschäftigt. Doch das ist unwichtig. Wesentlich ist die unterschiedliche Entwicklung. Er schlägt sich mit einer Meute von Schülern herum. Lärmend, oberflächlich, phlegmatisch. Bei der Lektüre der Großen Improvisation (aus dem Drama: »Die Ahnenfeier« von Mickiewicz, Anm. Übersetzer) brechen sie in Lachen aus. Zufällig hört er ein Gespräch seiner Schülerinnen: »Du bist dumm, mach es im Stehen. Dann wirst du nicht schwanger.« Das Leben verlangt ständig Opfer, er unterbricht die Stunde, weil er sieht, dass die Klasse Kreuzworträtsel löst.

Er spürt, dass er sich verrannt hat. Warum? Und wann? Er sucht nach einer Antwort. Nicht bei den Menschen, die sind seiner Ansicht nach blind. Er vertraut lieber auf Bücher. Er liest stundenlang. Er vergräbt sich in Bibliotheken. Zahlreiche Titel und immer mehr Fragen. Aber diese Expeditionen reizen ihn, diese Wanderungen durchs Dunkel riechen nach Abenteuer. Was verbirgt sich hinter der Biegung dieser These? Welchen Abgrund enthüllt diese Seite? Man muss sich in Acht nehmen, denn der Boden ist trügerisch.

Währenddessen stampfen seine Freunde über festen Boden. Sie besitzen eine magische Formel: ein großes S. Das große S steht für Stoßdämpfer. Darauf beschränkt sich ihr ganzes Programm: ein Leben ohne Erschütterungen. Den Körper keiner gefährlichen Zugluft aussetzen. Einen dichten Kokon um sich spinnen.

Wie wir bereits gehört haben, arbeiten sie. Im Allgemeinen sind sie begabt. Fachleute, die alle Neuigkeiten ihrer Branche kennen, die die großen Entwicklungen vorausahnen. Beim Fußball unterscheidet man auf dem Spielfeld diejenigen, die Tore schießen, und die anderen, die ziellos auf dem Rasen herumirren. Sie haben diesen Torinstinkt. Misiek hingegen irrt herum. Die Menge würdigt den Tolpatsch keines Blickes und sieht nur die mit dem Torinstinkt, verfolgt ihre Aktionen. Die bringen Resultate! Ein beliebter Spruch Szeryks lautet: »Im Sport zählen nur die Resultate. Bei uns auch.« Darauf sagt Misiek, er spüre geradezu, wie ihm der Schweiß ausbricht, denn er könne nur auf Niederlagen verweisen.

»Du Tolpatsch!«, schreien sie ihn an. »Du verdammter Tolpatsch. Warum gehst du nicht weiter? Schließ dich uns an: Wir brauchen einen Schönschreiber wie dich.«

Er übernimmt eine Arbeit, die sich eigentlich nicht lohnt. Und er erzielt sogar Erfolge. Dann macht ihm das keine Freude mehr. Er tritt aus der Genossenschaft aus. Denn sie bilden bereits eine Genossenschaft! Sie organisieren gemeinsam Projekte, teilen die Arbeit untereinander auf, leisten einander Freundschaftsdienste, Dienstleistungen. Ein echtes Kollektiv, meint der Tolpatsch, die Leute sind auf einander eingespielt und aktiv. Wenn sie die Chance sehen, etwas zu verdienen, schuften sie wie die Ochsen. Wenn sie sparen müssen, hungern sie, ohne mit der Wimper zu zucken. Sie sind demütige Sklaven ihrer Leidenschaften, gleichgültig gegenüber allem, was sie nicht greifbar vor sich sehen. Ihr Denken erreicht nur dann die höchsten Umdrehungszahlen, wenn Profite winken. Sonst verharren sie in einem Zustand totaler Entspannung. Dann sind sie völlig leer, kraftlos, reden nur mehr die banalsten Dinge, ohne jeden Inhalt.

»Wir sprechen verschiedene Sprachen«, grämt sich Misiek.

Und doch hält er den Kontakt aufrecht. Macht es ihm Spaß, die Rolle des Tolpatsches zu spielen? Dass man ihn für einen weltfremden Trottel hält? Irgendwie wird er sogar geachtet. Ohne den Ehrgeiz der Gruppe zu teilen, findet er sogar Freude daran, über ihre Vorlieben spotten. Er verzichtet darauf, seine Ellbogen einzusetzen. Er umkreist die Spitze wie ein treuer Satellit, er bleibt in ihrem magnetischen Feld, aber stets in einer äußeren Umlaufbahn. Er weiß, dass diejenigen, die er im Flug umkreist, immer die wichtigen Entscheidungen treffen.

»Es ist seltsam, aber ich gebe zu, dass das, was sie machen, wirklich gut ist. Sie bringen wichtige Dinge zuwege. Sie sind wertvoll. Auf ihre Arbeit warten Menschen. Ohne ihren Beitrag für die Welt kann man sich das Leben nicht vorstellen. Sie haben ein Gespür für das Konkrete, und das ist es schließlich, was zählt, weil alles andere den Menschen zwischen den Fingern zerrinnt.«

Damit spricht der Tolpatsch das Urteil über sich selber. Er trägt das Mal der Degradierung. Wer braucht seine zwiespältigen Gefühle? Wer will seinen Kummer hören? Menschen, die sich in Kleinigkeiten und Sorgen verlieren, so meint er selber, sind nicht imstande, an die Oberfläche zu kommen und Luft zu schöpfen. Die Strömung reißt sie mit, die Wirbel ziehen sie nach unten.

»Du übertreibst«, entgegne ich. »Und diese Übertreibung zerreißt dich. Es bleiben nur kleine Stücke übrig.«

Doch auch ich übertreibe: Dem Tolpatsch passiert nichts. So einem Menschen zu begegnen ist beruhigend, obwohl er schon manchmal anstrengend sein kann. Er zieht uns sofort in die magischen Kreise seiner klugen Überlegungen, zwingt unser träges Gehirn zu größerer Beweglichkeit. Das wirkt erfrischend nach diesem fruchtlosen Geschwätz, in dem alle nur darauf aus sind, bloß kein vernünftiges Wort zu äußern.

Nach der Mode richtet er sich mit Sicherheit nicht. Er verwendet keine Wunderdiät, er liest nicht den Fortsetzungsroman »Der Zauber deiner Räder«, er spart nicht einmal für einen Roller. Ihn plagen Fragen, von deren Existenz seine Umgebung gar nichts weiß. Er ist wie ein Mensch hinter einer Scheibe: Man sieht sein Gesicht, seine Bewegungen, doch man hört seine Stimme nicht. Er bleibt einsam, und die Einsamkeit lähmt seinen Willen. Der Tolpatsch ist voll Energie, doch die bewahrt er in gefrorenem Zustand. Er meint, er müsse etwas tun, doch er weiß nicht, was. Wenn er glaubt, es zu wissen, fragt er sich sofort: Ist es das wert? Und er lässt es mit einer wegwerfenden Handbewegung bleiben.

Er geht nach Hause. Dort schaltet er das Radio ein. Er liest ein Gedicht, legt es weg. Er greift nach Dostojewski. (Er denkt über den Satz nach: »Es schien mir, als quäle ihn ein Gedanke, den er sich selber nicht bewusst machen kann.«) Er zündet sich eine Zigarette an.

Eartha Kitt singt *C'est si bon*.

Er starrt aus dem Fenster. Wann werden sie ein Heilmittel gegen Krebs finden? Kinder werfen einen Ball. Er brüht Tee auf. Morgen kommen neue Filme in die Kinos.

Eartha Kitt singt *Let's do it*.

Er liest: »Es gab in dieser Natur viele schöne Regungen und edle Absichten; doch alles suchte ständig das Gleichgewicht, das sich nicht einstellte, alles war chaotisch, wellig, unruhig.« Das ist Lisa, denkt er sich. Er geht wieder auf die Straße. Er trifft jemand. Sie unterhalten sich. Stunden vergehen. Er sieht nichts. Träumt.

Das ist alles.

Danka

Für Andrzej Berkowicz

Ich begann mit dem Pfarrhaus. Ich klopfte an die massive Tür. Das Schloss knirschte, ein Schlüssel rasselte, schließlich bewegte sich die Klinke. Im Halbdunkel des Ganges erschien das Oval eines wachsamen Gesichts und verharrte reglos.

»Ich möchte mit dem Pfarrer sprechen.«

»Ihr Name?«

»Ich bin von der Presse, und ich bin gekommen ...«

»Ich kann es mir denken, natürlich. Ich verstehe. Leider ist der Herr Pfarrer nicht da. Das ist eine Enttäuschung für Sie, nicht wahr? Sie haben mit einer pikanten Geschichte gerechnet? Mein Gott, wenn sie nur wirklich unterhaltsam wäre.«

»Wann wird der Pfarrer da sein?«

»Das hängt nicht von Ihnen und auch nicht von mir ab. Darüber entscheiden andere. Sparen wir uns Mutmaßungen.«

Das Gesicht verschwand im Halbdunkel, der Schlüssel rasselte wieder, das Schloss knirschte. Das Pfarrhaus stand am Ende einer Gasse, die vom Hauptplatz wegführte. Es stand am See, in Wolken von Ahorn und Eichen gehüllt, ein einstöckiges, architektonisch uninteressantes Gebäude. Daneben überragte der Kirchturm mit einer Galerie und Glocke die Wipfel der

Bäume. Etwas weiter, aber noch zum Pfarrhaus gehörend, gab es ein Häuschen, eine kleine, bunte Hütte. Dort haben sie vermutlich gewohnt – dachte ich mir. Ich ging näher, um zu sehen, ob die Scheiben eingeschlagen waren. Ja, sie waren eingeschlagen.

Ich kehrte in die Kleinstadt zurück. Ich will hier ihren Namen nicht nennen, die Reportage wird klar machen, warum. Sie liegt im Norden der Region Białystok, und es gibt keinen Menschen, der nicht wenigstens einmal in seinem Leben eine solche Kleinstadt gesehen hat, die sich von Hunderten anderen durch nichts unterscheidet. Diese Städtchen haben verschlafene Gesichter, überzogen von einem Flechtwerk aus Wasserflecken und Runzeln zerfallener Mauern, und wenn man über den Hauptplatz geht, hat man den Eindruck, alles blicke einen reglos und forschend unter zusammengekniffenen Augenbrauen an.

Der Hauptplatz ist gepflastert, viereckig und leer. Es regnet. Der ganze Juli trieft geradezu vor Regen, die Menschen glauben schon nicht mehr an den Sommer. Das ganze Städtchen trieft vor Regen, die Dächer, die Gassen, die Gehsteige. Auch die paar Bäumchen, die um den Hauptplatz stehen, triefen vor Regen. Unter einem steht ein Junge. Er trägt eine großkarierte Jacke, echte Jeans, abgetragene Turnschuhe. So steht er da, ohne Sinn und Hoffnung, einfach um des Stehens willen, um vielleicht irgendetwas zu erleben, ein typischer Herumlungerer vor dem CDT, dem zentralen Warenhaus, Herumlungern stellt für ihn eine Existenzform dar, einen Lebensstil, eine Pose und Haltung.

Ich fragte ihn:

»Sind Sie von hier?«

»Nein, aus Warschau.«
»Hier sind Sie in Ferien?«
»Richtig.«

Wir gingen ins Gasthaus. In einem Saal war ein Restaurant, im zweiten ein Kaffeehaus. Der Rauch hing tief, in grauen, dicken Schwaden. Der Kellner brachte Wein.

»Was soll das werden?«, fragte der Junge.

Ich erwähnte die Sache mit dem Pfarrhaus. Vielleicht wusste er etwas? Vielleicht war er dabei?

»Nichts dergleichen«, sagte er. »Als ich aus Warschau kam, war schon alles vorbei. Was soll man sagen, für Geschwätz bekommt man keinen Groschen. Meine Kollegen erzählten mir, wie die Frauen hingingen. Sie ist jetzt im Spital. Man sagt, sie sei wirklich außerordentlich gewesen. Die Beine – ein Traum, das Gesicht, alles am richtigen Platz. Natürlich findet man solche, man muss sich nur darauf verstehen. Ich habe selber im Frühjahr so eine aufgerissen. Jesus, was für eine süße Maus! Aus der Śniadecka, kennen Sie die Straße? Ich gehe dort ins Technikum. Faktisch noch ein Kind, gerade einmal 16 Jahre auf dem Tacho, aber eingefahren, da gibt's nichts zu sagen. Wenn der Mensch Zeit hat, ist er ein Draufgänger, aber wenn sie einen in die Vorlesungen hetzen, hat man keine Zeit zum Herumstreunen. Sie sollten sich nicht allzu sehr mit dieser Affäre befassen. Nur schade um diesen Tölpel. Aber die Leute hier haben kein Niveau. Da darf man sich über nichts wundern.«

Und er fügte noch einen Rat hinzu: »Reden Sie mit der Chefin des Restaurants. Sie weiß Bescheid.«

Er ging und holte sie. Sie war eine füllige Frau, auffällig gekleidet, mit übertriebener Eleganz. Das

Gesicht dick mit Make-up, Rouge und Puder, bedeckt. Sie setzte sich, stützte die Ellbogen auf den Tisch und schob die Finger in die Haare.

»Natürlich bin ich hingegangen«, sagte sie, »das Geschäft verlangt das. Privat wäre ich nicht gegangen, aber ich musste, wegen meiner Gäste. Wenn ich mich geweigert hätte, hätten die Frauen ihren Männern verboten, weiterhin mein Restaurant zu besuchen. Das heißt, ich hätte Gäste verloren, an das städtische Hotel. Das hat nämlich auch ein Restaurant. Als sie daher vor dem Haus zusammenliefen, das jetzt neben der Feuerwehr gebaut wird, ließ ich meinen Mann im Lokal zurück und ging allein hin. Anfangs wollten sie den Pfarrer packen, doch der war nicht da, der war zur Kurie gerufen worden. Da rief eine, wir sollten in die Kirche gehen und Gott bitten, uns nicht zu bestrafen für die Beleidigung, die ihm in seinem heiligen Haus angetan wurde. Als wir hineingingen – waren Sie schon in der Kirche? –, stand die Figur in der Mitte, rundherum Späne, denn sie ist aus Holz und noch nicht fertig. Wir knieten nieder, doch dann sprang die alte Sadowska auf und schrie: Zerhacken soll man sie, zerhacken und verbrennen. Wir wollen sie nicht mehr sehen! – so schrie sie. Und sie lief zur Figur, dort lagen diverse Hämmer und Schnitzeisen und eine Axt, und sie packte die Axt und holte aus damit, da wurde mir ganz kalt. Sie schlug einmal zu, doch da stürzte sich die Florkowa auf sie, die Mutter von dem, der in der Mühle arbeitet, und packte sie am Arm und sagte: Wirf die Axt weg, wage es nicht, die Figur zu berühren, sie ist heilig. Die Sadowska aber rief: Heilig? Eine Hure ist sie, keine Heilige. Und sie sagte noch schlimmere Dinge, die ich nicht wiederholen will, sie können sie sich schon denken. Und die Florkowa erwiderte: Versündige dich nicht, sonst wird dich die Hölle verschlingen, und uns auch, weil wir es zulassen. Da wandte sich die Sadowska an uns, wir aber, mein Herr, knieten und hatten vor Angst Blei in den Beinen, und sie rief: Seht her, Frauen, seid nicht blind und schaut, ob das nicht diese Hure ist, das ist sie, die Erde soll mich auf der Stelle verschlingen, wenn sie es nicht ist! Und ich sage es Ihnen, aber das dürfen Sie nirgends schreiben, sonst ist das mein Ende: Das war sie tatsächlich. Der Kopf, das Gesicht, die Gestalt – genau wie sie. Wie aus dem Gesicht geschnitten. Damals waren wir alle so erschrocken, so durcheinander, dass keine es wagte, der Sadowska recht zu geben. Und die Florkowa stand vor der Figur und schützte sie mit ihrem Körper und sagte: Nur über meine Leiche, nur über meine Leiche. Und es war ein schöner Tag, mein Herr, nicht so wie heute, nur in der Kirche war es grau und düster, da waren dieser schwere Schrecken und die Schreie der Frauen. Was die Mode angeht, sind die Frauen bei uns rückständig, ich war immerhin schon in Sopot und kleide mich up to date. Aber so was hat man bei uns noch nicht gesehen. Unser Pfarrer hat selber früher gegen solche Ärgernisse protestiert, dass es nur so blitzte. Volleyball für Mädchen hat er verboten. Ich weiß auch nicht, was plötzlich in ihn gefahren ist. Ich versuche es mit allen Mitteln zu begreifen, doch es will mir nicht gelingen. Da kommt auf einmal dieses Mädchen auf uns zu, und es trägt ein Badekostüm, wie man so sagt, einen Bikini. Wenn man einmal niest, fliegt alles weg. Wissen Sie, Frauen reden nicht gern gut über einander, aber ich bin nicht rückständig und gebe gern zu, dass sie schön war wie ein Strauß Rosen. Für so eine würde sich jeder Mann sofort aufs Rad flechten lassen. Ach Gott, und wie die Frauen sie sehen, beginnen sie zu zischen. Wäre sie einfach weitergegangen, wäre vielleicht nichts geschehen, und wäre sie uns an einem anderen Tag begegnet, wäre vielleicht auch nichts geschehen, aber wir kamen gerade aus der Kirche und dort hatte sich dieses Drama abgespielt, das ich soeben geschildert habe, und alle hatten Angst und Bitternis im Herzen und wollten das loswerden. Das Mädchen kommt auf uns zu und fragt: Suchen Sie jemand? Da tritt die Maciaszkowa vor und sagt: Ja, dich, du Pest! Und schlägt ihr, zack, den Stock über den Schädel, weil die Maciaszkowa hinkt und am Stock geht. Und dann haut sie noch einmal zu und noch ein drittes Mal. Ich stehe da, mein Herr, wie gelähmt, mir wird schwarz vor den Augen, und ich denke: Was soll das nur werden, was soll das nur werden?, und die Gedanken schwirren durch meinen Kopf wie ein Bienenschwarm. Sie schlagen sie, und ich rühre keinen Finger. Dann gehen sie zu dem Häuschen und schmeissen die Fenster ein, schleppen die Sachen heraus und zertrümmern sie, obwohl die doch dem Pfarrer gehören. Und wie ich so schaue, kommt Michaś, unser Mesner, daher. Das rufe ich den Frauen zu, und sie rennen davon. Ich hinter ihnen her. Wie ich schon bei der Miliz sagte, mein Geschäft verlangt, dass ich mich immer der Menge anschließe. Ich bin nicht rückständig, aber ich musste mitgehen.«

Der Milizposten ist auch am Hauptplatz, gegenüber der Gastwirtschaft. Man sieht von dort gleich, in welchem Zustand die Gäste das Lokal verlassen. So kann man einen Gast rasch über den Platz führen, und ihn hinter Schloss und Riegel ausnüchtern, bis er sein Gleichgewicht wiedererlangt. Der diensthabende Milizionär sitzt hinter der Barriere und schaut auf den Hauptplatz. Er sagt:

»Im Allgemeinen herrscht bei uns Ruhe. Doch es gab da einen Vorfall. So etwas ist bei uns noch nie passiert.«

»Eben«, werfe ich ein, »es geht mir um die Details.«

Er lächelt nichtssagend, denn ohne Genehmigung seines Vorgesetzten will er nichts sagen. Eine Stunde später blättere ich die Mappe mit Materialien durch, die ich vom Milizkommandanten bekommen habe. Der Kommandant ist mir gern behilflich, er nennt Namen und nennt Adressen. Ich suche in den auf dem Schreibtisch ausgebreiteten Papieren, hole immer neue aus der Mappe.

»... Ich erwähne, dass als Erstes die Bürgerin Helena Krakowiak zu mir kam, meine Nachbarin, die sagte es gebe schon genug Beleidigungen die ganze Gegend sei aufgebracht und Jesus selber habe die Wucherer aus der Kirche vertrieben und uns damit ein Beispiel gesetzt. Sie erwähnte auch dass wir Geld für den Klingelbeutel geben, das wir unseren eigenen Kindern vom Mund absparen, während sie sich mästen und Schandtaten vollbringen. Einen Monat schauen wir uns das schon an und jetzt ist unsere Geduld am Ende oder wollen wir noch länger diesen Anblick hinnehmen, sagte die Bürgerin Helena Krakowiak, und ihre Kinder soll der Teufel holen und sie verabschiedete sich. Die oben Genannte betonte, dass man die Figur der Muttergottes vom Geld aus irgendeiner Sammlung hätte kaufen müssen, dann wäre das nicht so eine Beleidigung der Moral gewesen und eine Sittenlosigkeit, wie sie die Welt noch nicht gesehen hat. Dann möchte ich noch hinzufügen, dass noch andere Bürgerinnen zu mir kamen, und diese (hier folgt eine Reihe von Namen) geben der oben genannten Bürgerin recht, die den Gedanken geäußert hat man müsse diese Prostituierte auf und davon jagen, weil wir im Pfarrhof keine Huren brauchen, wie sie noch sagte. Die oben Genannten bestätigten, dass es keinen anderen Ausweg gäbe.«

Noch am selben Tag sprach ich mit dem Sekretär des Stadtkomitees. Er saß mir gegenüber, hochgewachsen, sehnig, die breiten Schultern gebeugt. Er wischte sich über die Stirn, überlegte, sprach seine Sätze langsam und bedächtig:

»Wissen Sie, Genosse, dabei könnte es sich schließlich um eine Provokation handeln.«

»Von welcher Seite?«, fragte ich.

»Von Seiten des Klerus. Der Klerus liebt es, so was zu machen, wenn man ihm nicht auf die Finger schaut.«

Von dieser Meinung ließ er sich nicht abbringen, und er wollte auch keine andere Version in Betracht ziehen. Es war gewiss eine Provokation, wiederholte er. Ich kannte den Pfarrer nicht, er aber schon. Der Pfarrer war bekannt für solche Schachzüge. Die braucht man nur zu analysieren. Ihr Sinn ist klar. Glasklar.

Wir wechselten das Thema. Das neue Thema bereitete dem Sekretär und mir mehr Freude. In der Kleinstadt wird eine Fabrik gebaut. Sie graben schon die Fundamente, sie wollen auch eine Siedlung errichten. Die Kleinstadt wird sich entwickeln, beleben. Sie wird ihren Platz auf der wirtschaftlichen Karte des Landes finden. Schon heute zeichnet sich vielversprechend ihre Zukunft ab. Ich sagte zu, wiederzukommen und eine Reportage zu schreiben. Wir reichten einander die Hände, ich ging wieder durch die Gassen, es regnete, das Wasser rauschte in den Rinnen, der Junge in den Jeans stand unter einem Baum am Hauptplatz. Er gab mir den Rat, den Mesner aufzusuchen, er führte mich durch ein Loch in einem Zaun, durch Hausflure und Höfe. Die Wohnung, die wir betraten, war vollgestellt mit Betten und Sesseln, überall Bilder und Figuren, die man in großstädtischen Zeitschriften kritisiert und verhöhnt. Zwei Männer saßen am Tisch. Ein Alter mit dem Arm in einer Binde, der zweite war blond, gut gebaut und großgewachsen, sein Sohn, wie sich herausstellte. Der Alte stand auf und ging hinaus.

»Der Vater ist krank«, sagte der Blonde, »sein Arm eitert und eitert. Ich bin hier, um ihm zu helfen, denn wir haben auch ein Stück Feld. Sonst würde ich mich gern in die Großstadt davonmachen!« Michał S. hat das Militär schon hinter sich. Als er nach Hause kam, starb der alte Mesner, und er wurde zum Nachfolger auserkoren. Eine andere Arbeit bekam er nicht, vielleicht erst, wenn sie die Fabrik bauen. Wie ich bald herausfand, nimmt er seine Funktion nicht ganz ernst, er ist in der Welt herumgekommen und will sich bei der ersten Gelegenheit einen anderen Beruf suchen.

»Sie kommen wegen dieser Prügelei?«, Er lachte über mein Interesse. Die Dämmerung brach herein, es regnete, Wasser floss über die Fenster. »Soll ich Tee machen?«, schlug Michał vor.

»Er kam im Mai. Ich habe gerade die Bäume geschnitten. Da kam ein Mann auf mich zu und fragte nach dem Pfarrer. Er war nicht älter als dreißig, trug einen Pullover, ein Tuch um den Hals und ein Paket in der Hand. Ich führte ihn in die Pfarrei. Er sagte ›Guten Tag‹ und stellte sich vor. Er sagte, er sei ein Bildhauer aus Wrocław. Er schlug das Papier auf, und darin war ein Frauenkopf. Schauen Sie, bitte, sagte er, ein Abbild Marias, in Gips. Wollen Sie die nicht kaufen, Herr Pfarrer? Unser Alter sah den Kopf an, nahm ihn in die Hand, wog ihn, dann sagte er: Nein, den wolle er nicht haben. Der andere nahm den Kopf und packte ihn wieder ein, doch der Alte bot ihm einen Platz an und begann ihn auszufragen, wo er gelernt, was er gemacht, ob er Ausstellungen gehabt habe, und solche Sachen. Offenbar gefiel er dem Alten, denn dieser sagte: Wissen Sie, die Maria will ich nicht kaufen, aber unsere kleine Kirche wurde im Frühjahr erneuert, wir haben auch den Seitenaltar renoviert, und dort fehlt eine Figur der Jungfrau Maria. Früher einmal gab es eine, aber die haben die Würmer zerfressen, so dass sie zu Staub zerfiel. Vielleicht können Sie das übernehmen? Der andere sagte, natürlich, also gingen sie, um sich das vor Ort anzuschauen. Der Bildhauer rechnete und rechnete und dann sagte er: Geht in Ordnung, fünftausend, und wir sind einig. Darauf begann der Alte zu protestieren. Er habe kein Geld, die Renovierung habe ein Loch in der Kasse hinterlassen, so viel könne er nicht geben. Sie handelten, bis der Pfarrer endlich sagte: Machen wir es anders, ich habe hier ein Häuschen für den Mesner, doch der wohnt in der Stadt, das Häuschen steht leer. Sie können darin wohnen, ich gebe ihnen zu essen, und Sie machen mir die Figur. Hier gibt es einen See, den Wald, eine schöne Umgebung. Der Bildhauer erwiderte zuerst nichts, man konnte förmlich sehen, wie er sich das durch den Kopf gehen ließ, dann sagte er: Einverstanden, Herr Pfarrer, aber unter einer Bedingung. Ich arbeite zurzeit an einer Figur, an der mir viel liegt, und diese Arbeit kann ich nicht unterbrechen. Ich mache diese Figur nach einem Modell. Ich nehme den Vorschlag an, wenn mir der Herr Pfarrer gestatten, hier mit meinem Modell zu wohnen. Der Alte erschrak: Hier, in der Pfarrei!?, rief er. Ich sah ihm an, dass er es mit der Angst zu tun bekam. Er sträubte sich lang, doch er ist geizig, und schließlich erklärte er sich einverstanden.

Sie kamen Anfang Juni. Da sah ich sie. Sie war keine Frau, sondern ein Wunder. Eine wunderbare Figur, hübsch, helle Haare. Sie begrüßte mich und sagte: Ich heiße Danka. Wie heißen Sie? Mir blieben die Worte im Hals stecken. Es würgte mich, vor meinen Augen tanzten Sterne, ich fühlte mein Ende nahen. Ich stammelte etwas und dachte im selben Moment: Michał, bei uns werden seltsame Dinge geschehen. Und wie Sie sehen, habe ich recht behalten.

Anfangs ging ihr der Alte aus dem Weg. Er saß in seinem Zimmer und kam nicht heraus. Sie aber benahm sich, als wäre sie am Strand – sie zog sich aus, Decke auf die Wiese, und bräunte sich. Vom Morgen bis zum Abend ständig im Badeanzug. Man hatte förmlich Angst, sie anzuschauen, das können Sie mir glauben. Wenn man sie anschaute, kamen einem die Tränen, dass man so ein Niemand ist, so ein verdammtes Nichts, man könnte bis ans Ende seiner Tage heulen wie ein Wolf, und sie würde einen keines Blickes würdigen. Der Bildhauer scharwenzelte wie ein Hund um sie herum. Er musste sie lieben, er musste sie lieben an Stelle der vielen Männer, denen das nicht erlaubt war. Er war ein guter Kerl, wirklich anständig. Ich half ihm, das Holz auszusuchen, schärfte sein Werkzeug, manchmal kaufte ich in der Stadt Wein für sie. Wir lebten in gutem Einvernehmen. Als er das Holz hatte, machte er sich gleich an die Arbeit. Er hatte eine sichere Hand und schnitzte energisch drauflos, es ging ihm gut von der Hand. Da kam der Alte langsam aus dem Pfarrhaus. Während Danka auf ihrer Decke lag, schlich er zwischen den Bäumen herum. Kaum ging er ein paar Schritte näher, bekam er es gleich mit der Angst zu tun. Es lockte ihn, doch er beherrschte sich. Wenn ich das sah, musste ich fast lachen. Manchmal stand sie auf und ging auf ihn zu, doch dann floh der Alte gleich in die Kirche. Ein regelrechtes Katz-und-Maus-Spiel. Das war eine richtige Schule für ihn. Er besuchte oft den Bildhauer, um sich vom Fortschritt der Arbeit zu überzeugen. Er saß auf der Bank, schaute zu, anfangs, ohne etwas zu sagen. Erst als der Bildhauer begann, das Gesicht herauszuarbeiten, wurde der Alte gesprächiger. Ich ging auch hin, um mir die Figur anzuschauen, daher wusste ich, was da vor sich ging. Er schnitzte Danka. Er schnitzte ihr Gesicht, ihren Hals, ihre Schultern. Nach unten hin war da ein langes Gewand, doch oben war es Danka. Der Alte fragte, ob der Mund nicht zu breit sei. Denn sie hatte einen kleinen Mund, voll, aber klein. Er wünschte sich offenbar, dass die Maria am Altar ein Abbild Dankas wäre. Aber das konnte er natürlich nicht so offen sagen.

Inzwischen summte es in der Stadt wie in einem Bienenstock. Die Burschen kamen gerannt und glotzten, und die Weiber kamen, angeblich, um zu beten. Im Pfarrhof herrschte reger Betrieb. Es wurde getratscht, es gab Gerüchte, Vermutungen, was Sie wollen. Ich wurde auch ständig angequatscht: Michał, was sind das für Leute? Und ich sagte ihnen die Wahrheit, denn der Mensch ist nun einmal dumm. Da kamen ein paar Weiber, eine richtige Delegation, zum Pfarrer. Er erklärte ihnen etwas, darauf herrschte ein paar Tage lang Ruhe. Dann begann es von neuem, nur noch schlimmer. Einmal wurde der Alte zur Kurie gerufen, und ausgerechnet an diesem Tag fuhr der Bildhauer nach Białystok, um ein Schnitzeisen zu holen. Und dann kamen diese Furien.«

Michał S. war nicht dabei. Später half er, sie ins Spital zu bringen. Nach der Rückkehr erzählte er alles dem einzigen Menschen in der Stadt, der sich mit dem Bildhauer angefreundet hatte. Das war der Polonist Józef T.

Als ich Józef T. zu später Stunde besuchte, sagte er:
»Der Bildhauer erzählte mir folgende Geschichte: Wir saßen an den Abenden beisammen. Das war am Meer, vor ein paar Jahren. Ich suchte ein Thema für meine Diplomarbeit. Ich streunte am Strand herum, schlug die Zeit tot. Am Strand ist es leichter als in der Stadt, ein Modell zu finden, weil die Menschen keine Kleider tragen. Ich sah nichts, was mich interessierte. Einmal kam ich zum Ufer, die Stelle war leer, im Sand lag ein morsches Fischerboot. Ich ging hin, und hinter dem Boot saß ein Mädchen. Müssen Sie ausgerechnet hier stehen?, fragte sie mich. Wenn Sie sich selber sehen könnten, würden Sie nicht solche Fragen stellen, antwortete ich. Wir waren sehr jung, damals redeten wir so. Ein Monat später fuhr Danka mit mir nach Wrocław, in meine Mansarde. Dort habe ich eine Figur nach ihr geformt. Der Titel der Arbeit musste

eine gewisse Aussage haben, daher nannte ich die Figur ›Mädchen nach der Arbeit‹ und brachte sie zur Ausstellung. Die Jury lehnte ab. Sie meinten, sie sei zu sakral. Ich war gebrochen, ich wusste nicht ein noch aus. Ich lag stundenlang wie benebelt auf dem Bett. Schließlich verfiel ich auf eine verrückte Idee. Ich borgte beim Hausmeister einen Handwagen, packte die Figur darauf und brachte sie zur Kurie. Ich sagte: ›Kauft sie, meine Herren, die Figur heißt *Madonna in Erwartung der Empfängnis*.‹ Sie berieten sich, doch am Ende wollten sie sie nicht kaufen. Sie sei zu sozrealistisch, meinten sie. Ich hatte keine Kraft mehr, ich zog den Wagen zur Oder und zerschlug mit einem Brecheisen den Gips. Denn die Figur war aus Gips. Als ich wieder zu mir kam, sah ich, dass nur noch der Kopf der Figur ganz war. Ich wollte ihn in den Fluss werfen. Doch ich tat es nicht, sondern nahm ihn mit in mein Atelier, wo ich ihn in eine Ecke warf.

In diesem Jahr traf ich Danka wieder. Alles war wie zuvor. Komm, fahren wir in die Masuren, sagte ich zu ihr. Sie war einverstanden. Ich aber hatte keinen Groschen im Beutel. Da erinnerte ich mich an den Kopf. Ich dachte: Ich nehme ihn mit, schwatze ihn einem Pfaffen auf und finde bei der Gelegenheit etwas. So kam ich hierher.«

Heute ist Sonntag. Es regnet, es wird wohl nie mehr aufhören zu regnen. Hochwasser. Eine Sintflut. Die Menschen werden ihre Häuser verlieren. Schwere wirtschaftliche Schäden. Aus dem Hotelfenster sehe ich, wie die Bewohner der Stadt trotz des Regenwetters feiertäglich gekleidet würdevoll in Richtung Hauptplatz schreiten, zur Gastwirtschaft oder zur Kirche. Ich ziehe mich an und gehe hinaus. Einige Gesichter kenne ich bereits. Wir grüßen einander. Ein Reporter kann sich nicht lange verstecken. Ich schleiche nicht durch Nebengassen, sondern gehe durch die dichtbevölkerte, im Schlamm versinkende Hauptstraße.

Ich betrete die Kirche. Im Glanz der Lichter steht die Figur, das Abbild des schönen Mädchens. Das Werk ist nicht vollendet, doch das Gesicht, den Kopf und die Schultern hat der Meister in allen Details herausgearbeitet. Sehr kunstvoll. Die Menschen treten näher, knien nieder, neigen den Kopf. Ich aber halte den Kopf aufrecht. Ich kann mich nicht satt sehen.

Keiner geht weg

Ich würde nicht gerne dort wohnen. Dort steht ein Tisch mit einem karierten Tischtuch. Also an diesem Tisch möchte ich nicht länger sitzen. Und es gibt künstliche Blumen mit steifen Drahtstengeln. Auch diese Blumen würde ich nicht gern sehen. Hinter dem Schrank steht eine Axt. Sie gaben sie mir in die Hand, damit ich sehe, wie schwer sie ist. Ja, sie ist schwer. Mit diesem Gewicht schwebte die Axt über drei Köpfen. Über dem grauen, zarten Kopf des Vaters. Über dem mit glatten Haaren bedeckten Kopf der Mutter. Über dem Kopf des Sohnes mit dem Mecki. Wenn sie nicht auf sie niederfällt, dann fällt sie auf mich, sagt der Vater. Der Vater würde gern den Sohn einsperren. Die Mutter würde den Vater einsperren. Es wäre das Beste, wenn etwas mit uns geschähe, sagt der Sohn. Dann wäre das Leben anders. Denn so kann es nicht weitergehen ...

... wenn ich hereinkomme, gehen sie gleich auf mich los. Sie stürzen sich auf mich. Am schlimmsten ist der Junge. Ich wollte, dass er auf meine alten Tage für mich spielt. Ich kaufte ihm ein Klavier, dann ein Akkordeon. Aber er hatte mit Musik nichts am Hut, nur mit Wodka. Ich dachte, wenn ich am Abend so sitze, könnte er für mich spielen. Und das will er auch, allerdings auf meinen Rippen. Sie hetzt den Jungen gegen mich auf. Sie sagt: Władzio, gib's ihm, damit er es sich merkt! Das kann ich nicht ertragen. Wenn ich mich schlafen lege, weiß ich nicht, ob ich noch einmal aufstehe. Ich muss mich hüten einzuschlafen, denn wenn ich fest schlafe, machen sie mit mir Schluss.

... was redet er da? Ich wog vorher 87 Kilo, jetzt wiege ich noch 54. Das hat er aus mir gemacht, mein Mann. Anfangs machte er nichts, ging nur herum. Später genügte eine Kleinigkeit, und schon begann es ihn zu beuteln. Dann fing er an zu schreien. Jetzt fürchte ich mich nicht mehr vor diesem Schrei. Aber wenn er etwas in der Hand hält, bekomme ich es mit der Angst zu tun. Besonders wenn er die Axt nimmt. Dann kann er mir alles antun. Dabei geht es um nichts, um Nichtigkeiten. Ich habe mir schon die Augen ausgeweint, meine Hände zittern, sehen Sie nur. Aber es gibt keinen Ausweg. Nur mein Sohn hat Erbarmen mit mir, nur mein Sohn liebt mich.

... ich erlaube es nicht, dass jemand die Mutter anrührt. Seien Sie mir nicht bös, aber das lasse ich nicht zu. Wenn er auf die Mutter losgeht, bekommt er es mit mir zu tun. Er sagt, dass ich gern trinke? Ich will ja nichts sagen, manchmal muss ich was trinken. Ich bin Musiker, spiele auf Hochzeiten. Wenn ein Musiker nichts trinkt, ist er kein Musiker, seien Sie mir nicht bös. Angesichts meiner Tuberkulose brauche ich übrigens nicht viel. Schon nach ein paar Gläsern bin ich der freundlichste Mensch. Manchmal reicht schon ein Glas. Sogar nach einem Bier werde ich ganz sanft, seien Sie mir nicht bös. Woher ich die Krankheit habe? Weil mich mein Vater zum Schlafen in die Hundehütte jagte. Wohl daher. Aber ich nehme alles hin, diesen Mist in meinen Lungen, dass er mich nicht lernen lässt, das nehme ich alles hin, aber ich lasse nicht zu, dass jemand meine Mutter anrührt.

… ich kenne dieses Haus in- und auswendig. Der Alte kommt ständig ins Kommissariat gerannt, wir sollen sie einsperren, sie wollen ihn umbringen. Dabei könnte eher er sie umbringen. Wir haben ihnen gesagt, sie sollen sich beruhigen, die Miliz befehle ihnen, sich ruhig zu verhalten. Das bringt leider nichts. Ob es viele solche Ehen gibt? Ja, natürlich. Vor allem unter älteren Leuten. Ein einziges Durcheinander, eine einzige Hölle, man kann nur dazwischengehen und sie trennen, sie sind tatsächlich imstande, einander an die Gurgel zu gehen, haben aber nicht die Kraft, sich zu trennen. Solche Ehen gibt es viele. Vor allem unter den Jungen.

Der Milizionär aus Piastowa und ich beleuchten den Fall von allen Seiten und wir wundern uns, was da passiert ist. Denn der Alte ist ein guter Arbeiter. In der Produktion wird er für seinen Eifer gelobt, für die solide Arbeit, sein Können. Er trinkt nicht, geht der Arbeit nicht aus dem Weg. Und sie ist eine ausgesprochen ruhige Frau. Eine fürsorgliche Hausfrau. Das Haus geputzt, aufgeräumt. Und der Junge ist auch in Ordnung, es gibt keine Klagen über ihn, er macht keinen Krach, obwohl er jung ist. Er ist schließlich unglücklich, schwer krank. Er sollte sich kurieren, aber wie, wenn er das Haus nicht verlassen kann, weil er die Mutter beschützen muss? Und die Mutter verlässt das Haus nicht, weil sie sich um den Sohn kümmert. Und der Vater geht nicht aus dem Haus, weil es schließlich ihm gehört.

Sie alle sind anständige Leute. Sie sind beliebt, werden geachtet, geschätzt. Aber nur jeder für sich.

Wenn sie zusammen auftreten, ist das was anderes. Dann gibt es gleich Mord und Totschlag. Er beginnt, sie zu verfluchen. Du Bettelweib, ruft er. Ich ein Bettelweib? Und die Frau holt alte Fotografien aus einer Schachtel, sie kramt mit fliegenden Fingern darin herum. Bitte sehr, das war mein Vater. In einem geflochtenen Fauteuil sitzt ein älterer Herr mit Schnurrbart, in einem guten Anzug, schöne Krawatte. Wie konnte ich ein Bettelweib sein? Und er darauf: Du bist dies und das. Lieber Herr, sehe ich wirklich so aus? Er sagt, ich sei hinter den Männern her. Sehen Sie mich doch an. Ich sehe diese zerstörte, ruinierte Person an, und ich muss euch sagen, dass man schon eine ordentliche Portion Phantasie braucht, um sich die Männer vorzustellen, die sie sich nehmen könnte.

So gibt ein Wort das andere, und auf die Worte folgt die Axt. Es ist wie bei einem Karussell. Die drei machen einander fertig, machen einander kaputt, zerstören einander. Dabei gibt es keinen Grund dafür, sie wissen selbst nicht, warum. Aber der Grund, den sie nicht nennen können, ist nicht so wichtig. Wichtig ist der Lebensstil, an den sie sich mit der Zeit gewöhnt haben. Alle erfüllen eine wichtige Mission, voller Hingabe. Der Vater opfert alles für die beiden, die Mutter für den Sohn, der Sohn für die Mutter. Alle müssen leben, weil einer den anderen braucht. Der Vater ist überzeugt, die anderen müssten ohne ihn verhungern. Die Mutter ist sicher, der Junge ginge ohne sie rapid an der Tuberkulose zugrunde. Der Sohn wieder glaubt zu wissen, ohne ihn würde der Vater die Mutter zu Tode prügeln. Aus diesem Grund können sie nicht auseinandergehen, können nicht jeder irgendwohin fahren. Sie sind für ewig miteinander verbunden, auf die Dauer ihrer irdischen Existenz. Es gibt viele solcher Ehen, sagt der Milizionär. Vor allem unter den Älteren. Und dann wiederholt er gedankenverloren: Ja, ja, vor allem unter den Jüngeren.

Der Starre

Ein Auto fährt über die Straße. Die Pupillen der Scheinwerfer suchen im Halbdunkel das Ziel. Es ist nicht mehr weit. Jeziorany, 20 Kilometer. Noch eine halbe Stunde. Der Wagen nähert sich dem Ziel, doch die Fahrt steht unter keinem guten Stern: Der alte Motor hält die lange Fahrt nicht durch.

Auf der Ladefläche des Lastwagens liegt ein Sarg.

Eine Girlande triefäugiger Engel schmückt die schwarze Kiste. Am ärgsten ist es in den Kurven, wenn die Kiste ins Rutschen kommt und die Beine derjenigen zu zerquetschen droht, die auf der Ladefläche sitzen.

Jetzt führt die Straße in Serpentinen bergauf. Der Motor heult ein paar Tonlagen höher, er beginnt zu husten, er verschluckt sich und stirbt. Schon wieder ein Defekt. Aus dem Fahrerhaus steigt eine schmutzige Gestalt, Zieja, der Fahrer. Er kriecht unter den Wagen, um das Problem zu suchen. Von dort unten flucht er über diese verdammte Welt. Als ihm heißes Öl ins Gesicht tropft, beginnt er zu spucken. Schließlich krabbelt er wieder unter dem Auto hervor, klopft sich ab und sagt:

»Schluss. Er springt nicht an. Ihr könnt euch eine anstecken.«

Wer will rauchen? Uns ist eher zum Weinen zumute.

Noch vor zwei Tagen waren wir in Schlesien, in der Grube »Aleksandra-Maria«. Die Geschichte, die ich schreiben wollte, machte ein Gespräch mit dem Leiter des Arbeiterhotels nötig. Ich fand ihn in seinem Büro, wo er gerade sechs jungen Burschen etwas erklärte, also hörte ich zu.

Es ging um Folgendes:

Während eines Abschusses hatte sich ein Kohlenbrocken gelöst und einen Bergarbeiter erdrückt. Die Leiche wurde schrecklich zugerichtet geborgen. Keiner kannte den Toten näher. Er hatte erst seit zwei Wochen in der Grube gearbeitet. Man stellte die Personalien fest: Name – Stefan Kanik, Alter – 18 Jahre. Der Vater ist in Jeziorany in den Masuren zu Hause. Die Direktion nahm telefonisch Kontakt mit den dortigen Behörden auf. Sie erfuhr, dass der Vater gelähmt war und nicht zum Begräbnis kommen konnte. Die Behörden von Jeziorany fragten an, ob man die Leiche nicht in das Städtchen schicken könne? Die Direktion der Grube erklärte sich einverstanden, sie stellte einen Wagen zur Verfügung und ersuchte den Leiter des Arbeiterhotels, sechs Leute zu finden, die den Sarg begleiten.

Das sind die Leute, die er hergerufen hat.

Fünf sind bereit, mit dem Sarg zu fahren, doch einer weigert sich, er will keinen Verdienstausfall hinnehmen. So entsteht eine Lücke. Ob ich als sechster mitfahren kann? Der Leiter wiegt den Kopf: ein Redakteur als Sargträger? Teufel, das ist ein Ding!

Die leere Straße, der kaputte Lastwagen, die reglose Luft.

Der Sarg.

Zieja wischt sich mit einem Fetzen die Hände ab.

»Und was jetzt?«, fragt er. »Wir wollten am Abend dort sein.«

Wir liegen am Grabenrand im von einer dünnen Staubschicht bedeckten Gras. Der Rücken schmerzt, die Beine schmerzen, die Augen brennen. Der Schlaf offeriert sich als Begleiter. Warm, lockend, drängend.

»Lasst uns schlafen, Burschen«, sagt Wiśnia weich und rollt sich zusammen.

»Und dann?«, fragt Zieja, »Wir schlafen, und was wird mit dem?«

Es ist nicht schön, dass er an ihn erinnert. Gestört durch solche Fragen, verflüchtigt sich der Schlaf. Wir liegen da, gequält von Erschöpfung und jetzt auch noch von Unruhe und Unsicherheit, und starren stumpf in den Himmel, über den Schwärme silberner Sterne gleiten. Wir müssen einen Entschluss fassen.

Sagt Woś:

»Bleiben wir bis zum Morgen hier. Am Morgen geht einer in die Stadt und holt einen Traktor. Es eilt nicht, wir sind schließlich keine Bäckerei.«

Sagt Jacek:

»Bis zum Morgen können wir nicht warten. Es ist besser, das rasch zu erledigen, so rasch wie möglich.«

Sagt Kostarski:

»Und was ist, wenn wir ihn tragen? Der Junge war mini, ein bisschen was ist noch unter der Kohle geblieben. Er wiegt nicht viel. Bis Mittag sollten wir dort sein.«

Diese Idee ist verrückt, aber die beste. Die Schultern straffen und schleppen. Es ist früher Abend, wir haben höchstens 15 Kilometer vor uns, natürlich schaffen wir es, ihn hinzutragen. Im Übrigen geht es nicht nur darum. Am Grabenrand kauernd, haben wir gerade die erste Verlockung des Schlafes abgewehrt, und wir spüren mit wachsender Gewissheit, dass es nicht zu ertragen wäre, hier reglos zu liegen und zu wachen, mit dem Sarg über uns, auf der Ladefläche, in tiefer Finsternis, umgeben von verräterisch lauernden Büschen und dem dumpfen Schweigen des Horizonts. Nein, dieses apathische, qualvoll gespannte Warten auf den Anbruch des Morgens wäre nicht zu ertragen. Da ist es schon besser, sich auf den Weg zu machen und ihn zu schleppen! Aktiv zu sein, sich zu bewegen, zu reden, die von der schwarzen Kiste ausgehende Stille zu zerstören, der Welt und uns selber, vor allem uns selber, zu beweisen, dass wir dem Reich der Lebenden angehören, in dem er ein Eindringling ist, fremd und keinem Lebewesen mehr gleichend, wie er dort starr und verschraubt in seiner Kiste liegt.

Also erklärten wir uns einverstanden, die Mühe des Tragens auf uns zu nehmen, weil wir darin auch ein Opfer sahen, das wir dem Toten gleichsam dafür darbringen wollten, dass er uns von seiner lästigen, grausamen, unbarmherzigen Anwesenheit erlöste.

Der Marsch mit dem Sarg auf dem Rücken ist von Beginn an beschwerlich. Aus dieser Position betrachtet, schrumpft die Welt zu einem kleinen Ausschnitt zusammen: die Schuhe des Vordermannes, ein schwarzes Stück Boden, die eigenen Schuhe. In den Anblick dieses kargen Bildes gefangen, ruft sich der Mensch unwillkürlich die Phantasie zu Hilfe. Der Körper ist gefesselt, doch das Denken bleibt frei!

»Wenn jetzt jemand vorbeikommt und uns sieht, nimmt er Reißaus.«

»Wisst ihr, was? Wenn er sich bewegt, schmeißen wir ihn hin und machen uns aus dem Staub.«

»Wenn es nur nicht zu regnen beginnt. Wenn er feucht wird, dann wird er schwer.«

Doch nach Regen sieht es nicht aus. Es ist ein lauer Abend, der Himmel dehnt sich weit und klar über der schlafende Erde, die das Zirpen der Grillen und das gleichmäßige Geräusch unserer Schritte ins All sendet.

»Dreiundsiebzig, vierundsiebzig, fünfundsiebzig«, zählt Kostarski die Schritte. Bei zweihundert wechseln wir. Drei nach links, drei nach rechts. Dann andersrum. Die Kiste schneidet scharf und hart in die Muskeln der Schultern. Wir sind von der Straße abgebogen auf einen Waldweg, wir nehmen eine Abkürzung, am Seeufer entlang. Nach einer Stunde haben wir erst drei Kilometer zurückgelegt.

»Was ist das?«, überlegt Wisnia. »Da kommt jemand ums Leben, und statt in die Grube zu fahren, treibt er sich auf der Erde herum, um andere zu quälen. Mehr noch. Die anderen quälen sich, damit er sich herumtreiben kann. Was soll das?«

»Irgendwo habe ich gelesen«, erzählt Jacek, »dass im Krieg, in Russland, auf den Schlachtfeldern, zur Zeit der Schneeschmelze, Hände aus dem Boden ragten. Wenn man da entlangfuhr, sah man nur den Schnee und diese Hände. Kannst du dir das vorstellen: Sonst nichts. Wenn einer stirbt, will er den anderen nicht aus den Augen gehen. Es sind die Menschen, die ihn aus ihrem Blick verbannen. Sie bestatten ihn, um ihre heilige Ruhe zu haben. Selber würde er sich nicht davonmachen.«

»So wie unserer«, sagt Woś. »Er würde uns über die ganze Erde begleiten. Wir bräuchten ihn nur mitzunehmen. Wahrscheinlich könnte man sich sogar daran gewöhnen.«

»Sicher«, spottet Gruber von hinten, »bürdet sich jeder etwas Unnötiges auf. Der eine die Karriere, der zweite Kaninchen, der dritte eine Frau. Und wir vielleicht ihn.«

»Rede nicht schlecht über ihn, sonst kriegst du von mir was auf den Kopf«, warnt Wos.

»So schlimm wird's nicht werden«, versucht Gruber ihn zu beruhigen. »Er verhält sich ja ruhig. Er war bestimmt in Ordnung.«

Dabei wissen wir nicht, wie er war. Keiner von uns hat ihn je gesehen. Stefan Kanik, 18 Jahre alt, durch einen Unfall ums Leben gekommen. Mehr wissen wir nicht. Jetzt können wir noch hinzufügen, dass er ungefähr 60 Kilo wog. Der Rest ist ein Geheimnis. Eine Vermutung. Und dieses Rätsel der unsichtbaren, unbekannten Person, die so fremd und steif da liegt, beherrscht die sechs Lebenden, ihre Gedanken, entzieht ihren Körpern die Kraft. Kühl und schweigend nimmt der Tote ihre Opfergabe der Entsagung, der Demut, des Einwilligens in dieses seltsame Schicksal entgegen.

»Wenn er in Ordnung war, schadet es nicht, ihn zu schleppen«, meint Wos, »aber wenn er eine Plage war, dann ab mit ihm ins Wasser.«

Wie er war! Lässt sich das feststellen? Ja, sicher! Wir tragen ihn schon fünf Kilometer und haben literweise Schweiß vergossen. Wir haben also in das, was von ihm übriggeblieben ist, jede Menge Anstrengung und Nerven investiert. Unsere Mühe geht auf ihn, der da so steif liegt, über, sie hebt seinen Wert in unseren Augen, sie vereint uns mit ihm, verbrüdert uns über die Grenzen von Leben und Tod hinweg. Die Fremdheit verflüchtigt sich. Er wird zu einem von uns. Wir werfen ihn also nicht ins Wasser. Dazu verurteilt, dass die Last immer schwerer wird, sind wir bereit, unsere Mission bis ans Ende zu erfüllen.

Der Wald reicht bis zum Seeufer. Eine kleine Lichtung. Woś ordnet eine Ruhepause an und beginnt, Feuer zu machen.

Das Feuer flackert übermütig und ausgelassen. Wir setzen uns drum herum und ziehen die feuchten, sauer riechenden Hemden aus. Im zitternden, vibrierenden Schein sehen wir unsere schweißüberströmten Gesichter, die nackten, feuchten Oberkörper, die blutunterlaufenen Schwellungen auf den Schultern. Das Feuer verströmt seine Hitze in konzentrischen Kreisen, so dass wir uns zurückziehen müssen. Nun steht der Sarg dem Feuer am nächsten.

»Wir müssen das Möbel wegrücken, sonst wird er noch angebraten und beginnt zu stinken«, sagt Woś.

Wir stellen den Sarg etwas weiter weg, in die Büsche, Pluta bricht Zweige ab und deckt ihn damit sorgfältig zu.

Wir sitzen ums Feuer, immer noch schwer atmend und gegen den Schlaf und das Gefühl der Unheimlichkeit kämpfend, und rösten uns und genießen den wunderbaren Anblick des aus der Dunkelheit gezauberten Lichtes. Wir fühlen uns kraftlos, verlassen, wie gelähmt. Die Nacht schließt uns ein wie in eine Zelle, abgeschnitten von der Welt, von anderen Wesen, von jeder Hoffnung.

In diesem Augenblick hören wir Wiśnia mit hoher Stimme erschrocken flüstern:

»Still! Da geht was!«

Eine krampfartige Angst packt uns. Eisige Spitzen bohren sich in den Rücken. Unwillkürlich schauen wir zu den Büschen, zum Sarg hin. Jacek erträgt das nicht länger, er gräbt das Gesicht ins Gras und beginnt, erschöpft, schlaftrunken und vor Angst zitternd, zu schluchzen. Das lässt uns wieder zur Besinnung kommen. Als Ersten Woś, der über Jacek herfällt, ihn schüttelt und auf ihn einschlägt Er prügelt auf ihn ein, bis das Schluchzen des Jungen in Jammern übergeht, in ein gedehntes, dumpfes Stöhnen. Endlich lässt Woś von ihm ab, er lehnt sich gegen einen Baum und knöpft ein Schuhband zu.

Inzwischen sind die von Wiśnia beschworenen Stimmen deutlicher zu hören, sie kommen auf uns zu. Wir hören eine abbrechende Melodie, Lachen, Rufe. Wir lauschen. In dieser wüsten Finsternis ist unsere Karawane auf Spuren menschlichen Lebens gestoßen. Die Stimmen kommen immer näher. Endlich sieht man Gestalten. Zwei, drei, fünf.

Mädchen. Sechs, sieben.

Acht Mädchen.

Nach anfänglichem Zögern bleiben sie. Als wir endlich ins Gespräch kamen, setzten sie sich zu uns ans Feuer, so nahe, dass man nur die Hand hätte auszustrecken brauchen, um sie zu umarmen. Wir fühlen uns wohl. Nach all dem, was wir erlebt haben, nach der anstrengenden Fahrt, dem erschöpfenden Marsch, der Anspannung, nach alldem oder vielleicht trotz alldem, fühlen wir uns jetzt wohl.

»Macht ihr auch einen Ausflug?«, fragen sie.

»Ja«, lügt Gruber. »Ein schöner Abend, nicht wahr?«

»Sehr schön. Ich genieße ihn richtig. Wie jeder von uns.«

»Nicht jeder«, sagte Gruber. »Es gibt welche, die ihn weder jetzt noch später genießen. Niemals.«

Wir betrachten die Mädchen. Sie tragen bunte Kleider und haben nackte Arme, von der Sonne gebräunt, die nun im Schein des Feuers abwechselnd golden und braun schimmern. Sie werfen scheinbar gleichgültige und doch aufreizende und zugleich wachsame, zugängliche und unerreichbare Blicke ins flackernde Feuer, ganz offensichtlich erfüllt sie die seltsame, irgendwie heidnische Stimmung, die ein nachts im Wald entzündetes Feuer im Menschen weckt. Während wir die unerwartet aufgetauchte Gruppe betrachten, spüren wir, wie unsere Erstarrung, Schläfrigkeit und Erschöpfung von innerer Wärme durchdrungen wird. Diese Wärme haben wir uns gewünscht, gleichzeitig spüren wir die Gefahr, die sie mit sich bringt. Die ganze Logik, die unsere Anstrengung für jemanden, der nicht mehr existiert, notwendig und zielführend erscheinen lässt, gerät plötzlich ins Wanken. Welchen Sinn hat diese Plackerei, diese Mühsal noch, da sich uns hier doch so eine wunderbare Gelegenheit bietet? Bislang haben uns nur negative Gefühle mit dem Toten verbunden, daher würde es uns leichtfallen, dieser Verlockung nachzugeben und dem, der so starr daliegt, einfach den Dienst aufzukündigen. Jedes weitere Schleppen des Sarges könnte uns einfach idiotisch erscheinen, weil wir uns damit lächerlich machen.

Woś ist nach dem Vorfall mit Jacek immer noch mürrisch und beteiligt sich nicht am Flirten; jetzt nimmt er mich zur Seite.

»Das sieht nicht gut aus«, flüstert er. »Einer nach dem anderen wird sich mit einer in die Büsche schlagen. Wenn aber nur einer fehlt, schaffen wir das nicht. Es könnte auch zu einer Prügelei führen.«

Unsere Unterschenkel berühren beinahe den Sarg, und wir beobachten aus sicherer Entfernung die Szene auf der Lichtung. Gruber wird sicher mit einem Mädchen gehen. Kostarski und Pluta – nein. Und Jacek? Das ist die Frage. Im Grunde ist er schüchtern und wird nicht die Initiative ergreifen, solange das Mädchen kein Zeichen gibt. Die erste Ablehnung verunsichert ihn, beim ersten »nein« macht er einen Rückzieher. Weil er deshalb nicht viel Gelegenheit findet, wird er aber noch jede Chance freudig nutzen.

»Jacek geht hundertprozentig mit«, sagt Woś.

»Komm ans Feuer«, antworte ich, »hier fällt uns auch nichts ein.«

Wir gehen zurück. Pluta legt Holz nach. »Erinnerst du dich, es war im Herbst ...«, singen die Mädchen. Wir fühlen uns wohl, aber gleichzeitig verunsichert. Vom Sarg sagt keiner ein Wort, aber er ist da. Das Wissen um seine Existenz, seine lähmende Anwesenheit, trennt uns von den Mädchen.

Stefan Kanik, 18 Jahre. Er fehlt und ist gleichzeitig sehr gegenwärtig. Man braucht bloß die Hand auszustrecken, um ein Mädchen zu umarmen, aber man braucht auch nur ein paar Schritte zu machen, und sich über den Sarg zu beugen, und zwischen dem Schönsten auf der Welt und dem grausamen Tod – stehen wir.

Wir haben ihn, der da so starr daliegt, nicht gekannt, daher können wir ihn leicht für irgendeinen Burschen halten, dem wir irgendwann einmal irgendwo begegnet sind. Ja, das ist der, ganz sicher sogar. Er steht am Fenster, in einem offenen karierten Hemd, und schaut auf die fahrenden Autos, hört dem Gemurmel der Gespräche zu, blickt auf die Mädchen, wie sie gehen, wie der Wind ihre Röcke hoch bläst, so dass das Weiß der steifen Unterröcke sichtbar wird, die so gestärkt sind, dass man sie wie Strohpuppen auf den Boden stellen könnte. Und dann geht er auf die Straße und trifft sich mit seinem Mädchen, und er begleitet sie und kauft ihr Drops und teure Limonade der Marke »Murzynek«, und dann kauft sie ihm Erdbeeren, und sie sehen den Film »Ferien mit Monika«, wo sich die Schauspielerin mit dem schwierigen Namen vor einem Schauspieler mit schwierigem Namen auszieht, was sein Mädchen vor ihm bisher noch nie getan hat. Und dann küsst er sie im Park, wobei er aus dem Augenwinkel über ihren Kopf und die sorglos zerzausten Haare schielt, ob kein Milizionär kommt, der ihm die Legitimation abnehmen und sie in die Schule schicken oder auch 20 Złoty verlangen könnte, wo sie doch gemeinsam höchstens 5 besitzen. Und dann sagt das Mädchen: »Wir müssen gehen«, sie steht aber nicht auf, sondern sagt noch einmal: »Komm, lass uns gehen, es ist schon spät«, wobei sie sich noch enger an ihn drückt, und er fragt: »Weißt du, wie sich Schmetterlinge küssen?«, und führt seine Wimpern an ihre Wangen, wo er sie rasch bewegt, was sie offenbar kitzelt, weil sie zu lachen beginnt.

Vielleicht trifft er sie noch oft, doch in unserer Vorstellung ist dieses naive und banale Bild das einzige und letzte, und dann sehen wir nur noch das eine, das wir nie mehr sehen möchten, nie mehr, bis ans Ende unserer Tage.

Und als wir dieses zweite, böse Bild verscheuchen, fühlen wir uns wieder wohl, und alles machte uns froh: das Feuer, der Duft der zerdrückten Wiese, die Tatsache, dass unsere Hemden trocknen, der schlafende Boden, der Geschmack der Zigaretten, der Wald, die ausgeruhten Beine, der Sternenstaub, das Leben – das Leben am meisten.

Schließlich machen wir uns wieder auf den Weg. Wir kommen ins Morgengrauen. Die Sonne wärmt uns. Und wir schreiten aus. Unsere Beine wanken, die Schultern werden gefühllos, die Hände schwellen an, doch wir tragen ihn bis zum Friedhof, bis ans Grab – unsere letzte Station auf dieser Welt, zu der wir nur einmal gehen, von der es keine Rückkehr gibt – wir tragen ihn, diesen Stefan Kanik, 18 Jahre alt, bei einem tragischen Unfall ums Leben gekommen, bei einem Abschuss, durch einen Kohlenbrocken.

Die Bäume gegen uns

Anfangs gefiel es uns nicht. Doch dann hatten wir uns daran gewöhnt – später, als wir uns schon so oft mit dem Ärmel den warmen Schweiß abgewischt hatten, als wir die Schuhe so zum Glänzen brachten, dass die Sonne vor Eifersucht dunkel wurde; als wir die Schützengräben aushoben, eins, zwei, drei, als diese und noch andere Dinge uns begleiteten, das ganze verrückte Training, die stürmische Metamorphose, die jeden Zivilisten zum Soldaten macht, dass einem das Herz aufgeht! Und dennoch gelang es uns nicht, den Oberst zufriedenzustellen. »Die Armee«, so klagte er vor der ausgerichteten Reihe, »würde mit solchen Soldaten nicht weit kommen.« Allerdings verriet er uns nie, wohin die Armee eigentlich mit uns kommen wollte. Denn natürlich handelte es sich um eine rhetorische Wendung: wir konnten ohnehin nirgends hingehen.

Wir waren umgeben von Wald. Von endlosem, undurchdringlichem, abgrundtiefem Wald. Irgendwo musste er enden, irgendwo war sein Rand, doch wir kamen nie dorthin, wo die Bäume sich vereinzelten. Wir sahen nur den Wald, wir wohnten in ihm: in einer Kaserne, aus Ziegeln gemauert, am rechten Flügel, am Ende des Ganges. Wir mochten die Bäume nicht, ihren Geruch, ihre aufdringlichen Äste und trügerischen Wurzeln, vor allem aber störte uns ihre fast bürokratische Gleichgültigkeit, ihr hölzernes, unveränderliches Fortbestehen, die höhnische Trägheit, die sie an den Tag legten, während wir – die viel kürzer lebten als sie – unsere Zeit damit zubrachten, Märsche mit schwerem Gepäck zu absolvieren, die Waffen zu putzen und Lieder zu singen, wie »Sie schwammen übers Meer und die Wellen ...«, Die Bäume waren immer gegen uns. Sie verdeckten die Sonne und warfen uns Schnee in den Kragen. Sie zeigten uns den falschen Weg und erlaubten den Feinden, uns einen Hinterhalt zu legen. Sie schlugen mit den Ästen gegen die Fensterscheiben und heulten in der Nacht so laut, dass wir schlecht träumten. Wir verfluchten die Bäume. Sie schlossen uns ein in ihrem Labyrinth und versperrten uns den Blick auf die Grenze, hinter der die andere Welt begann.

Wir waren alle derselben Meinung über den Ort, an dem wir unseren Militärdienst leisten mussten. Die Befehle, die Tätigkeiten, die Kleidung und sogar das Essen machten uns einander ähnlich. Wir wussten um die hier geltende Einheitlichkeit, die nicht nur die Kleidung betraf, sondern auch unsere Gesten und Worte, vielleicht sogar die Gedanken. Sobald der Mensch eine Uniform anzieht, verliert er den letzten Rest Kindlichkeit. Er hat schon ein paar Jahre gelebt, hat gute und schlechte Dinge gelernt, kluge und idiotische. Jeder hat etwas anderes gelernt, in unterschiedlichem Maß. Dabei erwarb er unterschiedliche Gewohnheiten, Regeln und Manieren. Das alles hat seine Identität geformt, negativ oder positiv, gut oder schlecht. Der Mensch weiß es zu schätzen, dass er sich von anderen unterscheidet. Und er hängt vor allem an seinen Gewohnheiten. Wenn er jedoch in die Kaserne einzieht, muss er sich von alldem trennen. Verständlicherweise tut er das nur zögernd, weil er diese Reduzierung seiner selbst als schmerzhaften und brutalen Prozess empfindet.

Das alles hatten wir schon hinter uns. Erstaunt entdeckten wir in uns Eigenschaften, die den Oberst hätten erfreuen sollen. »Wie kannst du dich hinlegen«, sagte einer zum anderen, »dein Karabiner ist noch nicht sauber!« Wir waren Soldaten, da kann man sagen, was man will.

Doch unsere Gemeinschaft im Denken, Handeln und auch den Stimmungen verflüchtigte sich an der Waldgrenze. Sobald sich unsere Vorstellung über diese Grenze hinausbewegte, wurden wir wieder zu Individuen und – ich wage es kaum auszusprechen – einander fremd. Die äußere Welt, die uns geformt hatte und nun wieder aufnehmen sollte, präsentierte sich uns, im Gegensatz zur militärischen Gleichförmigkeit, als eine Welt mit einem schier unerschöpflichen Reichtum verschiedenster Landschaften, Farben, Töne und Gerüche. Dort gab es ein Leben, wie es jeder kennt: Freude und Trauer, Regen und Sonne, Tramway und Sputnik, die ersten Schneeglöckchen, eine Chopin-Etüde, eine Frau im Bett, der Film »Die Angst im Nacken«, Utrillo zur Zeit der »weißen Periode«, ein Viertelliter Wodka, auf einen Zug ausgetrunken, ein Spaziergang mit dem Kind, in diesem Jahr wächst der Roggen prächtig, der Busen von Lollobrigida oder von Hanka, Kryśka oder Stefa, Trennung und Rückkehr, Berlin, die Pläne Nassers, eine Waschmaschine, ein Streit mit dem Direktor, passable Schuhe für 340 Złoty, Eifersucht, ein Ingenieursdiplom, der Tod des Onkels, eine Wanne mit warmem Wasser, eine Prämie zum Bergarbeiterfest der Hl. Barbara, ein Krug Bier, du gehörst wieder mir, das Fremdwörterbuch, II. Auflage, ein Mensch, der über die Straße geht.

Diese Welt war anziehend und abstoßend zugleich, aber alles, was zu ihr gehörte, war spürbar, hatte seine Eigenheiten, auf die wir uns beziehen konnten, um neue Werte zu schaffen oder den Charakter der bestehenden zu verändern. Alles in dieser Welt pulsierte, änderte ständig seine Position, war dem ewigen Gesetz von Bewegung und Handeln unterworfen. Es gab in dieser Welt viel Licht, nach dem wir, die wir zur ewigen Düsternis des Waldes verdammt waren, uns sehnten. Es gab viele Wünsche und viel Befriedigung, viele Verlockungen und Enttäuschungen – alles, was das Leben ausmacht, was uns, bewusst oder unfreiwillig, geschenkt wurde.

Als wir gemeinsam in diese Welt flohen, wussten wir bereits, dass sie uns wieder zu unterschiedlichen Typen machen würde. Unwillkürlich schauten wir uns um: Der wird wieder ein Bauer sein und der ein Ingenieur, jener ein Chef und der andere Portier. Wann werden wir uns wieder begegnen? Und in welcher Situation?

Wir waren Freunde. Wir hatten in einer schweren Schule ein Übereinkommen geschlossen. Wir hatten das Böse in uns unterdrückt, und das war oft sehr schmerzhaft. Außerhalb des Kollektivs konnte man nicht leben. Doch wenn man zu ihm gehören wollte, musste man etwas beitragen, was die anderen bereichern, ihnen nützen konnte. Die Welt jenseits des Waldes war verlockend, doch wir waren dazu verurteilt, zwischen den Baumstämmen zu leben, unter der grünen Kuppel der Zweige, und wir mussten diese

Existenz möglichst erträglich und annehmbar gestalten.

Manchmal waren wir gereizt. »Früher einmal war der Mensch frei«, sagten wir dann. »Er konnte gehen, wohin er wollte. Die Zeit nach der Arbeit gehörte ihm. Auf der ganzen Welt verfügen die Menschen über ihre Freizeit. Alle können sagen, was sie damit anfangen wollen.« – »Nicht alle«, protestierte einer. »Die Soldaten können das nicht. Nirgends.« Es war Abend, und der Wald, aufgestört durch einen Sturm, war schwer zu ertragen. Wir dachten an andere Soldaten. An die Rekruten aller Armeen dieser Welt. An unseren Boży, der in stockfinsterer Nacht Wache schieben musste, an Wanja, der in diesem Moment sein automatisches Gewehr putzte, an Tschukotka, an die Soldaten Fidel Castros, die sich heute mit Sicherheit sinnlos betrinken werden, damit sie nicht umsonst geschwitzt haben. Wir dachten an die indischen Schützen, die sich in einer Reihe vor der Feldküche anstellten, und an den ghanaischen Rekruten, der auf das Kommando »Nieder!« auf dem Bauch durch den Schlamm robbt.

Wir, die Rekruten der ganzen Welt, stehen zur gleichen Stunde auf, treiben auf allen geographischen Breitengraden Gymnastik, schießen auf Pappkameraden, marschieren, ohne zu wissen, wohin und wozu, machen die Betten ohne Fehl und Tadel, säubern die Latrine, sehnen uns nach einem Ausgehschein, antworten: zu Befehl!, und salutieren den Vorschriften entsprechend, die in den verschiedensten Sprachen verfasst wurden.

Wir verstehen das Paradoxe, in dem wir gefangen sind. Wir halten eine Waffe in der Hand, während die Menschheit von einer Welt ohne Waffen träumt.

Und es ist uns bewusst, dass wir unter verschiedenen Kommandos stehen. Dass uns Grenzen und Systeme trennen und dass es aus diesem Grund keine Brüderlichkeit geben kann zwischen uns, obwohl wir alle die gleiche Kasernenexistenz teilten, dieselbe Notwendigkeit, den Befehlen zu gehorchen, dieselbe Pflicht, die uns die Uniform auferlegt.

Am Morgen gingen wir zum Übungsplatz. Er lag auf einer großen Lichtung, von älteren Jahrgängen sorgfältig freigelegt, die hier ihre Fähigkeiten als Pioniere erworben hatten. Auch wir gruben die Lichtung eifrig um. Die festgestampfte Erde wollte nicht nachgeben, und wir mussten die Spitzen unserer Krampen hineinschlagen. Mit Mühe legten wir Schützengräben an. Ehe wir uns jedoch an dieses Werk machen konnten, mussten wir unsere Position bestimmen.

Der, dem diese Aufgabe zugemessen wurde, trat vor und sagte, ohne zu zögern:

»Unsere Verteidigungslinie wird von diesem Gebüsch bis zu jenem dünnen Stamm verlaufen.«

Die Wahl gefiel uns. Wir meinten, das sei der beste Platz, um den Kampf aufzunehmen. Doch der Oberst war nicht begeistert.

»Was soll das«, sagte er, »so darf man das nicht angehen. Man muss auf dem Bauch über diese Linie robben, Meter für Meter. Man darf sich nicht erheben, schließlich schießt der Feind. Die Kugeln pfeifen, Menschen kommen ums Leben. Stellt euch das einmal vor«, appellierte er an unsere Phantasie.

Aber genau das wollte uns nicht in den Kopf. Nicht damals und nicht später. Wir konnten uns den Krieg nicht vorstellen. Wir schauten uns um: Der

Wald rauschte, der Wind trieb Schneeflocken vor sich her, auf der Lichtung herrschte Stille, unsere Schuhe knirschten im Schnee. Wir konnten keine Bilder des Grauens und des Kampfes evozieren. Wir waren nicht einmal imstande, uns eine Vorstellung vom kollektiven Morden, vom Knirschen eines Bajonetts auf Knochen, von menschlichen Fetzen in einer Lache klebrigen Blutes zu machen. Wir sahen nur den Wald, die Lichtung und den Schnee. Mehr nicht.

War unser Denken zu träge? Lag es an unserer Passivität, Erschöpfung und Apathie? Ich suche nach einer Erklärung, weil mich das beschäftigt. Vielleicht meldete sich damals bei uns ein spontaner Protest dagegen, in eine Landschaft des Krieges gestellt zu werden. Eine biologische Barriere dagegen, sich – und sei es nur in der Phantasie – mit durchschossener Kappe zu sehen, mit abgerissenen Beinen. Meiner Ansicht nach war dieser Mangel an militärischer Phantasie eher darauf zurückzuführen, dass wir einfach nicht an die Möglichkeit einer Situation, wie sie uns der Oberst schilderte, glauben wollten. Insgeheim verdächtigten wir ihn einer gewissen Naivität. Wir waren überzeugt, und diese Überzeugung schöpften wir aus den Worten von Politikern und Gelehrten, dass der Welt in einem Konfliktfall die Vernichtung drohte. Die totale, beinahe kosmische Auslöschung. Auch das konnten wir uns nicht vorstellen, aber aus Mangel an Wissen entwickelten wir verschiedene Phantasiebilder: In Gesprächen malten wir uns aus, dass uns dann ein seltsamer Tod erwartete, wie in einem Laboratorium. Es würde zu einem chemischen Prozess kommen, plötzlich und zerstörerisch, wie ein Tornado oder eine unsichtbare Veränderung der Luftzusammensetzung, und wir würden uns auflösen. Wozu also Schützengräben und maskierte Gefechtsstände?

Wäre es dann noch von Bedeutung, dass wir unsere Schuhe auf Hochglanz putzten? Dass wir die erforderliche Anzahl von Patronen im Magazin hatten? Würde dann Zeit genug bleiben, um das zu überprüfen? Das machte uns Sorgen. Wir kannten die von Gelehrten und Politikern weltweit verkündeten Warnungen: Gebt euch keinen Illusionen hin. Dieser Krieg wird nicht mit Bajonetten geführt werden. Sein Stil, seine Technik kennen in der Geschichte nicht ihresgleichen. Da beide Seiten Massenvernichtungswaffen besitzen, erscheint es sinnlos, die Erfahrungen des Zweiten Weltkrieges und aller anderen Kriege der Geschichte nutzen zu wollen. Das behaupteten die höchsten Autoritäten in Dutzenden von Büchern. Aber vielleicht irren sich diese Autoritäten, und der Oberst hat Recht? Vielleicht haben beide Seiten recht? Das hätten wir gerne gewusst. Doch es war nicht die Zeit, um Fragen zu stellen. Wir buddelten unsere Schützengräben und fragten uns: Wird uns das retten?

Die Kriegstechnik ist heute die am höchsten entwickelte Technik der Welt. Jede große wissenschaftliche Erfindung wird sofort unter der Militärkappe versteckt. Die Menschheit wehrt sich gegen die totale Vernichtung. Die Menschheit ist sich dieser Gefahr bewusst. Einer von uns erzählte eine Begebenheit aus seinem Städtchen: Dort gab es eine kleine Strickwarenfabrik. In dieser arbeiteten die Mädchen aus den umliegenden Dörfern. Während der amerikanischen Intervention im Libanon legten die Mädchen die Arbeit nieder und fuhren nach Hause. Das wiederholte sich zur Zeit des Konflikts um Taiwan. Die

Mädchen hätten nicht einmal auf einer Karte zeigen können, wo der Libanon liegt. Sie wussten nicht, ob dieses Land weit oder nah ist. Auf welchem Kontinent es sich befindet. Wo immer auf der Welt ein Krieg ausbricht, dringt der Geruch von Pulver in unsere Nase. Spezialisten brachten es zuwege, die Reichweite von Geschossen zu verlängern und Raketen in höllischer Geschwindigkeit um den Erdball zu schicken.

In dieser neuen Welt, einer Welt der totalen Bedrohung von Tausenden Atombomben, elektronischen Flugabwehrgeschützen und ferngelenkten Raketen, fragten wir Rekruten, bewaffnet mit Karabiner und Spaten, uns, wo unser Platz war.

In der Zwischenzeit hoben wir Schützengräben aus.

Manchmal führte uns der Oberst stundenlang durch den Wald. Er irrte absichtlich durch Schneisen, und wir mussten mit Hilfe der Karte den Ort bestimmen, an dem er uns anzuhalten befahl. Das nannte sich: die Position bestimmen. Seinen Platz in der Welt finden. Das war nicht schwierig, weil wir präzise Karten besaßen und außerdem inzwischen einige Übung erworben hatten. Einmal, als damit beschäftigt waren, meldete sich mein Gliednachbar, Grzywacz, zu Wort:

»Sieh nur, wie einfach das ist, ich zeichne drei Linien, und ihr Schnittpunkt gibt mir den gewünschten Punkt – hier stehe ich. An diesem Punkt der Erde steht der Gefreite Grzywacz Kazimierz. Er hat seinen Platz in der Welt gefunden. Mein Gott, wenn es nur im Leben auch so einfach wäre, seinen Platz zu finden.«

Seufzend verriet er uns sein Geheimnis. Er hatte sich freiwillig zum Militär gemeldet. »Hier werden sie mich in Ordnung bringen«, meinte er. Das hatte er nötig. Er wohnte in Szymborz, einer kleinen schlesischen Stadt. Er absolvierte die Schule, besuchte kurze Zeit ein Technikum, brach das Studium jedoch bald wieder ab, weil er arbeiten und der Mutter helfen musste. Er begann in einem Steinbruch zu arbeiten, doch der wurde wenig später geschlossen. Er ging in eine Zündholzfabrik, wo er sich jedoch mit dem Meister anlegte und entlassen wurde. Dann versuchte er in Wroclaw Fuß zu fassen, ohne Erfolg. Dieses Leben, Grzywaczs Leben, nahm einen unglückseligen, ungraden Verlauf. Es gab keine Stabilisierung, keine Normierung. Die Menschen kämpfen sich nach oben, oder sie geben sich mit einer kleinen, aber stabilen Position zufrieden, er jedoch fand seinen Platz nicht. Er ist kein Hooligan und auch kein Herumtreiber. Einfach ein Pechvogel. Irgendwann sprang sein Rad aus der Spur und hat bislang nicht mehr zurückgefunden.

Beim Militär geht es Grzywacz gut: da ist jemand, der für ihn denkt, ihm Anordnungen gibt, sich um seinen Magen kümmert. Vor allem aber hat seine zuvor haltlose Existenz Gestalt angenommen. Er muss sich nicht länger sorgen. Er wird nicht mehr von dem Gefühl der Unsicherheit geplagt, das ihn vorher erfüllte und ängstigte.

Er ist von Natur aus einer, der Anordnungen ausführt, der instinktiv einen Chef sucht. Selber kann er keine Entscheidungen, keine Wahl treffen, er riskiert nichts – er sucht ständig jemanden, der für ihn die Verantwortung übernimmt. Wenn er den gefunden hat, ist er ihm gehorsam wie ein Hund, grenzenlos ergeben. Auf Befehle reagiert er instinktiv, er handelt, ohne viel nachzudenken. Aber immer braucht er diesen Anstoß von außen, der ihn antreibt. Sonst gerät er aus dem Gleichgewicht, geht mit hängendem Kopf herum. Aus diesem Grund ist Grzywacz ständig Anlass für Konflikte innerhalb unseres Zuges. Denn die anderen haben sich eine aus dem Zivilleben mitgebrachte Dosis Skepsis bewahrt, eine gewisse Zurückhaltung, eine Distanz: sie machen, was unbedingt gemacht werden muss, aber keiner will aus dem Rahmen fallen. Wenn sie die Befehle ausführen, erleben sie nicht jene innere Spannung, die den Menschen zu Höchstleistungen anspornt. Sich positiv hervorheben deuten sie als Kriecherei; genauso ist negativ auffallen für sie Dummheit und Lebensunfähigkeit. Nach Ansicht dieser Mitläufer ist man gut beraten, die richtigen Relationen zu wahren, man soll sich nicht vordrängen, sondern eher die Anonymität nutzen, die einem die Uniform und eine tief ins Gesicht gezogene Mütze verleihen.

Grzywacz hingegen muss immer vorpreschen. Wenn wir in einer Schützenlinie vorgehen, drängt er an die Spitze, und alle müssen, fluchend und nach Atem ringend, den Schritt beschleunigen. Reinigungsarbeiten erledigt er so rasch und präzise, dass sich unsere Ergebnisse im Vergleich dazu jämmerlich, ja kompromittierend ausnehmen. Die Pragmatiker versuchen, den Narren zu bremsen. »Was drängst du dich vor?«, fragen sie und tippen sich an die Stirn. Sie sind nicht tolerant. Sie können nicht begreifen, dass Grzywacz endlich seine Berufung, sein Element gefunden hat. Dass er auflebt, Selbstvertrauen schöpft, festen Boden unter den Füßen spürt. Die Philosophen hingegen sind leberkrank, und seine überschäumende Lebensfreude erweckt nur ihren Abscheu. Und sie geben Grzywacz den Rat, sich Hryńcia zum Vorbild zu nehmen.

Wir sollten den Winkel berechnen, in dem der Hügel, auf dem wir standen, zum ebenen Boden abfiel. Für diesen Winkel gab es ein Rechenmuster, und man konnte die Aufgabe in einer halben Minute lösen. Der Oberst gab uns dafür drei Minuten, und natürlich waren wir früher fertig. Doch Hryńcia hatte nur seine Unterschrift auf das Blatt gesetzt. An die weiße Stelle, wo das Ergebnis stehen sollte, schrieb der Oberst eine 2, fast die schlechteste Note.

»Wo sind Sie aufgewachsen, Hryńcia?«, fragte er.

»Im Urwald, Herr Oberst.«

Lachen, vertrauliches Augenzwinkern. Doch es stimmt, Hryńcia stammt aus Białowieża. In einem entlegenen Dorf bewirtschaftet er ein kleines Stück Land und brennt schwarz Schnaps. Zu diesem Schnaps will er uns oft einladen. Wir sollen kommen, denn Hryńcia meint, frisch gebrannt schmecke der Schnaps am besten. Einmal ist ihm ein Fass mit Maische entzweigegangen, und zwei Wölfe haben die tödliche Masse gefressen und sind verreckt. Für die Tiere bekam er vom Staat zweitausend. So hatte er auch noch einen Nebenverdienst. Hryńcia ist der größte Spitzbub von allen, aber auf bäuerliche, nicht auf Warschauer Art. Seine Gerissenheit ist still, verdeckt, nicht prahlerisch, nicht posierend. Hryńcia setzt alles daran, aus dem Militär entlassen zu werden und in sein Dorf zurückzukehren.

»Herr Oberst, ich habe das Heu noch nicht eingebracht. Jetzt ist Frost, da könnte man es gut einbringen, es liegt auf einer sumpfigen Wiese. Wenn es warm ist, kommt man nicht dorthin.«

Diese Versuche bleiben erfolglos, weil der Oberst keinem freigeben kann.

»Was mache ich hier, Herr Oberst?«, versucht Hryńcia es erneut. »Ich bin ja doch zu blöd für diese Militärwissenschaft. Ich bin ein Analphabet. Vor dem Krieg habe ich drei Klassen besucht und nichts gelernt.«

Er kann nichts. Er kann seine Unterschrift unter etwas setzen, aber die Zeitung kann er nicht lesen. Beim Arzt simuliert er Schwerhörigkeit. »Wenn sie dir sagen ›Ruht!‹, hörst du, und wenn es heißt ›Marsch!‹, hörst du nicht«, sagt der Arzt lachend. Hryńcia hat keinen Kopf für das Militär, aber was noch wichtiger ist, er hat gar nicht die Absicht, etwas zu lernen. Wenn Lernzeit ist und jeder in seinen Notizen blättert, schlägt er eine leere Seite im Heft auf, sitzt da und träumt vor sich hin. »Warum lernst du nicht?«, fragen wir ihn. »Das ist nichts für meinen Kopf«, antwortet er. An der Tafel gibt er sich als Trottel. »Zeichnen Sie den Winkel a auf«, sagt der Oberst. Hryńcia steht da. »Warum zeichnen Sie nicht?« – »Woher soll ich wissen, was das für ein Winkel ist?« Nach einiger Zeit hat er sein Ziel erreicht: man stellt ihm keine Fragen mehr und belästigt ihn nicht weiter. Alle wissen: Er ist ein Bauer aus dem Urwald, ein Analphabet, was kann man von dem erwarten?

Von diesem Augenblick an hat er ein herrliches Leben. In der Mitte des 20. Jahrhunderts, in einer Epoche hochentwickelter Technik, in der die Wissenschaft immer wichtiger wird, im Zeitalter des Sputniks, des Fernsehens und der Kybernetik profitiert

Hryńcia davon, dass er sich diesem allgemeinen Trend entgegenstemmt. Er will nicht daran teilhaben. Er will gar nicht wissen, worum es geht. Er verschließt Augen und Ohren. Nur eines macht ihm ein wenig Angst: dass von diesen Neuheiten eine gewisse Faszination ausgeht. Wenn man dieser Anziehungskraft erliegt, kann das Leben im Dorf – ohne Strom, ohne Traktor, mit fünf Kindern in einer Stube – mit einem Mal bedrückend, unerträglich wirken. Es ist also besser, sich gar nicht auf die modernen Zeiten einzulassen. Denn Hryńcia will zurück auf sein Stück Land, zu Pflug und selbstgebranntem Schnaps, zum Heu, das auf einer Sumpfwiese liegt und das er jetzt, da Frost herrscht, einholen könnte; später, wenn es wärmer wird, kommt man nicht mehr dorthin und es verfault.

Grzywacz und Hryńcia – das waren die beiden Extreme in unserem Zug, die entgegengesetzten Pole, die den ganzen durchschnittlichen Rest umspannten. Dazwischen fehlte es nicht an Abstufungen. Beim Militär lassen sich menschliche Haltungen rasch bestimmen. Es gibt viele Situationen, in denen sich der Wert eines Menschen beweist.

Als wir die Kaserne für immer verließen, glaubten wir, wir würden nie zurückkehren, nicht einmal in Gedanken, und das bedeute auch das Ende unserer Freundschaft. Aber nein! Wir tauschten Adressen aus, und wir erinnern uns an Vornamen, und manchmal entdecken wir in einer Menge ein bekanntes Gesicht. Dann werden die Erinnerungen wieder wach. Plötzlich verschwindet alles ringsum, die Straße, die Häuser, die Passanten, und das Rauschen von Bäumen übertönt allen Lärm. Wieder ist da der Wald, weiter, endloser Wald, eine Welt in Grün, der erfrischende Geruch von Kiefern, die Säfte, die in den Stämmen kreisen, die tückischen, gnomenhaften Wurzeln und mitten drin wir – verloren und schweigend, den Karabiner über der gebeugten Schulter.

Busch, polnisch

Das Feuer trennte und verband uns. Der Junge legte Holz nach, die Flamme stieg höher, erhellte die Gesichter.

»Wie heißt dein Land?«
»Polen.«

Polen war weit, jenseits der Sahara, jenseits des Meeres, im Norden und im Osten. Der Nana wiederholte es laut.

»Richtig?«, fragte er. »Richtig«, antwortete ich. »Genau so.«

»Dort gibt es Schnee«, meinte Kwesi.

Kwesi arbeitet in der Stadt, in Kumasi, jetzt war er auf Urlaub da. Einmal hatte es im Kino, auf der Leinwand, geschneit. Die Kinder hatten Beifall geklatscht und gerufen: »anko, anko!«, damit sie noch einmal Schnee zeigten. Fein war das: Kleine, weiße Knäuel fallen und fallen. Diese Länder haben Glück; sie müssen keine Baumwolle anbauen, die Baumwolle fällt vom Himmel. Sie nennen sie »Schnee«, laufen darauf herum und werfen sie sogar in den Fluss.

Wir waren zufällig an diesem Ort steckengeblieben. Der Chauffeur, mein Freund aus Accra, Kofi, und ich. Als der Reifen platzte, war es schon dunkel. Es passierte auf einer Nebenstraße, im Busch, in der Nähe des Dorfes Mpango in Ghana. Zu dunkel zum Reparieren. Ihr könnt euch gar nicht vorstellen, wie dunkel die Nacht sein kann. Man streckt die Hand aus und kann sie nicht sehen. Hier gibt es solche Nächte. Wir gingen ins Dorf.

Der Nana begrüßte uns. Einen Nana gibt es in jedem Dorf, denn Nana bedeutet Chef. Der Chef ist sozusagen der Dorfvorsteher, aber der Nana hat mehr Macht. Wenn du Marina heiraten willst, kann der Dorfvorsteher dich nicht abhalten, aber der Nana kann das. Er hat den Ältestenrat hinter sich. Die Greise halten Versammlungen ab, schalten und walten, führen Auseinandersetzungen. Wenn ein Junger sich auflehnt, muss er in die Stadt fliehen. Früher war der Nana ein Gott. Jetzt gibt es eine unabhängige Regierung in Accra. Die Regierung erläßt ein Gesetz, der Nana muss es befolgen. Ein Nana, der es nicht befolgt, ist aristokratisch und wird abgesetzt. Ein großer Nana ist Führer eines Stammes, ein gewöhnlicher Nana ist Führer einer Sippe, und ein kleiner Nana ist Dorfvorsteher. Oft ist der Nana gleichzeitig Zauberer. Dann hat er doppelte Macht: über die Körper und über die Seelen. Die Regierung ist darum bemüht, dass alle Nanas in der Partei sind, und viele Nanas sind Sekretäre der Parteiorganisationen in ihren Dörfern.

Der Nana in Mpango war knochig und kahlköpfig und hatte schmale, sudanesische Lippen. Kofi stellte sich, den Chauffeur und mich vor. Er erklärte, woher ich sei und dass sie mich wie einen Freund behandeln sollten.

»Ich kenne ihn«, sagte er, »er ist ein Afrikaner.«

Das ist das größte Kompliment, das man einem Europäer machen kann. Dann öffnen sich alle Türen.

Der Nana lächelte, und wir drückten uns die Hände. Dem Nana muss man bei der Begrüßung immer mit beiden Händen seine rechte drücken. So erweist man ihm Achtung. Er setzte uns ans Feuer, wo gerade die Alten tagten. Er tat groß und sagte, sie würden oft tagen, was mich nicht wunderte. Das Feuer war mitten im Dorf, und zur Rechten und Linken, die Straße entlang, brannten andere Feuer. So viele Feuer wie Hütten, denn in den Hütten gibt es keinen Herd, und man muss schließlich kochen. Es waren vielleicht zwanzig. Man sah also die Feuerstellen, die sich bewegenden Frauen- und Männergestalten, die Umrisse der Lehmhütten, alles vor dem Hintergrund einer Nacht, die so schwarz war, dass man sie wie eine Last spürte, wie eine Beklemmung.

Der Busch war verschwunden, und doch war er überall, er begann hundert Meter von hier. Als ein unbewegliches Massiv, ein kompaktes, zerfurchtes Dickicht, schloss er das Dorf ein, uns, die Feuer. Der Busch schrie und weinte, stapfte und krachte, lebte, existierte, vermehrte sich und fraß sich auf, roch nach mattem Grün, schreckte und lockte, man konnte ihn anfassen, sich verletzen und sterben, aber anschauen konnte man ihn nicht, in dieser Nacht war er nicht zu sehen.

Polen.

So ein Land kannten sie nicht.

Die Alten schauten mich unsicher oder argwöhnisch an, einige auch neugierig. Ich wollte dieses Mißtrauen irgendwie überwinden. Ich wußte nicht wie und war müde.

»Wo liegen eure Kolonien?« fragte der Nana.

Mir fielen fast die Augen zu, aber jetzt kam ich wieder zu mir. Das fragten sie mich oft. Als erster hatte mich damals Kofi darauf angesprochen. Ich hatte es ihm erklärt. Es war eine Entdeckung für ihn, und von da ab lauerte er ständig auf die Frage nach den polnischen Kolonien, um in einer kurzen Ausführung ihre Absurdität zu enthüllen.

»Sie haben keine Kolonien, Nana. Nicht alle weißen Länder haben Kolonien. Nicht alle Weißen sind Kolonialisten. Du musst wissen, dass die Weißen oft den Weißen gegenüber Kolonialisten waren.«

Das klang schockierend. Die Alten zuckten zusammen, schnalzten. »Ts, ts, ts«, wunderten sie sich. Früher hatte ich mich gewundert, dass sie sich wunderten. Jetzt nicht mehr. Ich kann diese Sprache nicht ausstehen: weiß, schwarz, gelb. Diese Rassenmythen sind widerlich. Worum geht es da? Dass jemand wichtiger ist, wenn er weiß ist? Bisher hatten die meisten Halunken weiße Haut. Ich sehe keinen Grund, warum man sich freuen oder sich Sorgen machen sollte, dass man so oder so ist. Darauf hat keiner Einfluß. Das einzige, was wichtig ist, ist das Herz. Alles andere zählt nicht.

Später erklärte Kofi:

»Hundert Jahre lang haben sie uns beigebracht, dass Weiß etwas Besseres ist, super, extra. Sie hatten ihre Klubs, ihre Schwimmbäder, ihre Viertel. Ihre Huren, Autos, ihre glucksende Sprache. Wir wussten nur, dass es England gibt, dass Gott Engländer ist und sich über die ganze Erde Engländer bewegen. Wir wußten kaum das, von dem sie wollten, dass wir es wissen. Jetzt ist es schwer, sich das abzugewöhnen.«

Mit Kofi war ich einig, wir berührten das Thema der Hautfarbe nicht mehr, aber hier, unter neuen Gesichtern, lebte die Sache wieder auf.

Einer der Alten fragte:

»Sind alle eure Frauen weiß?«

»Ja.«

»Sind sie schön?«

»Sehr schön«, antwortete ich.

»Weißt du, Nana, was er gesagt hat?« warf Kofi ein. »Wenn bei ihnen Sommer ist, dann ziehen ihre Frauen sich aus und legen sich in die Sonne, um eine schwarze Haut zu bekommen. Die, die dunkel werden, sind stolz darauf, und die anderen bewundern sie wenn sie braun wie Negerinnen sind.«

Hervorragend! Na, Kofi, das hast du gut gemacht! Du hast sie ordentlich in Schwung gebracht. Den alten Knochen läuft das Wasser im Mund zusammen bei diesen von der Sonne gebräunten Körpern, ihr wißt ja, wie das ist – die Männer sind auf der ganzen Welt gleich, das gefällt ihnen. Die Alten rieben sich die Hände, freuten sich, Frauenkörper in der Sonne, das Feuer vertrieb ihnen jetzt das Rheuma, sie machten es sich bequem in ihren weiten Kente-Gewändern nach dem Muster der römischen Togen.

»Mein Land hat keine Kolonien«, sagte ich. »Aber es gab eine Zeit, da war mein Land eine Kolonie. Ich habe Respekt vor Eurem Leiden, auch bei uns war es schrecklich. Es gab Straßenbahnen, Restaurants, Viertel »nur für Deutsche«. Es gab Lager, Krieg, Hinrichtungen. Ihr kennt keine Lager, Kriege und Hinrichtungen. Das hieß Faschismus. Das ist der schlimmste Kolonialismus.«

Sie hörten zu, runzelten die Stirn und schlossen die Augen. Merkwürdige Dinge sind da gesagt worden, man muss das verarbeiten: Zwei Weiße, die nicht zusammen Straßenbahn fahren können.

»Wie sieht eine Straßenbahn aus?«

Die Realien sind wichtig. Vielleicht können sie nicht zusammen fahren, weil es zu eng ist. Nein, es ist nicht eng, hier geht es um Verachtung. Ein Mensch tritt den anderen mit Füßen. Nicht nur Afrika ist ein verfluchtes Land. Jedes Land kann ein verfluchtes sein. Europa, Amerika, viele Orte gibt es auf der Erde. Die Welt hängt von den Menschen ab. Natürlich kann man die Menschen in verschiedene Typen einteilen. Zum Beispiel der Mensch in der Haut einer Schlange. Die Schlange ist weder schwarz noch weiß. Sie ist schlüpfrig. Ein Mensch in schlüpfriger Haut. Das ist das Schlimmste.

»Und später waren wir frei, Nana. Wir bauten Städte, in die Dörfer kam das Licht. Wer nicht lesen konnte, lernte es.«

Der Nana stand auf und drückte mir die Hand. Die übrigen Alten ebenso. Jetzt waren wir *friends, drusja, amigos*. Ich wollte etwas essen. Es roch nach Fleisch. Nicht nach Dschungel, Palmen oder Kokosnüssen, sondern nach Schweinekotelett für 11,60 Złoty im masurischen Gasthof. Und ein großes Bier.

Stattdessen aßen wir Ziege.

Polen –

– es schneit, Frauen in der Sonne, keine Kolonien, früher Krieg, man baut Häuser, jemand bringt jemandem Lesen bei.

Einiges habe ich doch gesagt, denke ich mir. Für Einzelheiten ist es zu spät, ich möchte schlafen, im Morgengrauen fahren wir weg; hierbleiben, um einen Vortrag zu halten, ist unmöglich.

Aber plötzlich fühlte ich mich beschämt, unbefriedigt – ein Gefühl wie nach einem Fehlschuß. Das, was beschrieben wurde, ist nicht mein Land. Moment mal: Schnee, keine Kolonien – das stimmt doch. Aber das ist nichts, nichts von dem, was wir wissen, was wir in uns tragen, ohne uns darüber Gedanken zu machen, was unser Stolz und unsere Verzweiflung ist, unser Leben, unser Atem, unser Tod.

»Also, Nana« – Schnee, das stimmt, er ist wunderbar und schrecklich, er befreit dich in den Bergen auf den Skiern und einen Betrunkenen am Zaun bringt er um, Schnee, im Januar, die Januaroffensive, Asche, alles Asche – Warschau, Breslau und Stettin, Backstein, die Hände werden kalt, der Wodka wärmt, der Mensch legt Backsteine, hier wird das Sofa stehen und hier der Schrank, das Volk kommt in die Innenstadt, Eis auf den Scheiben, Eis auf der Weichsel, Wassermangel, wir fahren ans Wasser, ans Meer, Sand, Wald, Hitze, Sand, Zelte und Mielno, ich schlafe mit dir, mit dir, mit dir, jemand weint, es ist leer und Nacht, also weine ich, diese Nächte, unsere Versammlungen bis zum Morgen, harte Diskussionen, jeder sagt etwas, Genossen! Glanz und Sterne, in Schlesien, die Öfen, August, siebzig Grad in den Öfen, Tropen, unser Afrika, schwarz und heiß, heiße Wurst, warum ist die kalt, Moment, Kollege, treten Sie ein, Kollege, kein Jazz, logo, Sienkiewicz und Kurylewicz, Keller, Feuchtigkeit, da faulen die Kartoffeln, kommt, Frauen, Erdäpfel hacken, Frauen in Nowolipki, bitte schnell weitergehen, kein Wunder, was heißt das, hübsch ist das im Krieg, lasst mich in Ruhe mit dem Krieg, wir wollen leben, uns freuen, glücklich sein, ich sag dir was, du bist mein Glück, Wohnung, Fernsehapparat, nein, zuerst ein Motorrad, wenn das brummt, Lärm macht, erwachen die Kinder im Park statt zu schlafen, so eine Luft, keine Wolken, es gibt kein Zurück, falls Herr Adenauer denkt, zu viele Gräber, Kerle zum Prügeln und zum Pferdestehlen, warum nicht zum Arbeiten, wenn wir das nicht lernen, unsere Schiffe fahren über alle Meere, Erfolge beim Export, Erfolge beim Boxen, die Jugend in Handschuhen, feuchte Handschuhe ziehen Traktoren aus der Erde, Nowa Huta, man muss bauen, Tychy und Wizow, farbige Häuser, Aufstieg des Landes, Aufstieg der Klasse, gestern Hirte, heute Ingenieur, die TH fährt immer schwarz, feine Ingenieure, Lachen in der Straßenbahn (sag, wie sieht eine Straßenbahn aus), ganz einfach, vier Räder, ein Bügel, aber es reicht, es reicht, das ist eine Chiffre, ein Zeichen im Busch, in Mpango, der Schlüssel zu der Chiffre liegt in meiner Tasche.

Wir nehmen ihn immer mit in fremde Länder, in die Welt, zu anderen Menschen, und es ist der Schlüssel zu unserem Stolz und unserer Ohnmacht. Wir kennen sein Schema, aber es ist nicht möglich, ihn anderen zugänglich zu machen. Er wird immer nicht passen, selbst dann, wenn wir es unbedingt wollen. Irgend etwas wird nicht gesagt werden, das Wichtigste, etwas ganz Wesentliches.

Ein Jahr meines Landes erzählen, ganz egal welches, sagen wir 1957, nur einen Monat dieses Jahres, nehmen wir den Juli, nur einen Tag, sagen wir den sechsten.

Es ist nicht möglich.

Und doch existiert dieser Tag, dieser Monat, dieses Jahr in uns, muss existieren, denn es gab uns doch damals, wir gingen die Straße entlang, förderten Kohle, fällten Holz, wir gingen die Straße entlang, wie kann man eine Straße in einer Stadt so beschreiben (zum Beispiel in Krakau), dass sie ihre Bewegung, ihre Atmosphäre spüren, das, was dauert, und das, was sich verändert, ihren Geruch und Lärm, so, dass sie sie sehen.

Sie sehen sie nicht, nichts sieht man, es ist Nacht, Mpango, dichter Busch, Ghana, langsam erlöschen die Feuer, die Alten gehen schlafen, wir auch (im Morgengrauen fahren wir ab), der Nana döst, irgendwo fällt Schnee, Frauen wie Negerinnen, denkt er, sie lernen lesen, das hat er gesagt, denkt er, sie hatten Krieg, auch Krieg, das hat er gesagt, ja, keine Kolonien, keine Kolonien, dieses Land, Polen, weiß, und keine Kolonien, keine Kolonien, dieses Land, Polen, weiß, und keine Kolonien, denkt er, der Busch schreit, seltsam diese Welt.

Die Reportage *Busch, polnisch* wurde übersetzt von Renate Schmidgall

»Ein Glücksfall – und ein weiterer Beleg dafür, welch hohe Kunst des Journalismus bei unseren östlichen Nachbarn gepflegt wird.« die tageszeitung

Włodzimierz Nowak
Die Nacht von Wildenhagen
Zwölf deutsch-polnische Schicksale
300 Seiten / gebunden mit Schutzumschlag
ISBN 978-3-8218-5929-6

Als Włodzimierz Nowak sie trifft, ist Adelheid M. bereits 65 Jahre alt. Doch immer noch hat sie Angst – Angst vor der Erinnerung an die Nacht, in der die Mütter und Großmütter des Ortes erst ihre Kinder und Enkelkinder, dann sich selbst mit Messern, Schlingen und Seilen umbrachten – aus Furcht vor den vormarschierenden Russen. Adelheid überlebte – weil ein sowjetischer Soldat sie rechtzeitig von der Schlinge erlöste.

Anhand von zwölf deutsch-polnischen Grenzzwischenfällen aus sechs Jahrzehnten erzählt Włodzimierz Nowak von der komplexen, oft schmerzhaften Beziehung zwischen beiden Nachbarn. Der mythische Ort seiner Geschichten ist der Fluss und die gemeinsame Grenze, die über viele Jahrzehnte immer wieder von Einwohnern, Soldaten, Zöllnern, Schmugglern, Flüchtlingen, Ganoven und Prostituierten gelebt, verteidigt, verschoben und überschritten wird. Nowaks Reportagen, in denen all diese Menschen lebendig werden, entfalten dabei eine ungeheure Sogwirkung.